CB001214

George Steiner: À Luz de Si Mesmo

Coleção Debates
Dirigida por J. Guinsburg

Equipe de Realização – Tradução: Fany Kon e J. Guinsburg; Revisão: Eloísa Graziela Franco de Oliveira; Produção: Ricardo W. Neves, Heda Maria Lopes e Raquel Fernandes Abranches.

ramin jahanbegloo

GEORGE STEINER: À LUZ DE SI MESMO

PERSPECTIVA

Título do original em francês
George Steiner: Entretiens

Copyright© Éditions du Félin

Estas entrevistas foram gravadas por Ramin Jahanbegloo, a quem George Steiner confiou também a redação definitiva de suas palavras.

Direitos reservados em língua portuguesa à
EDITORA PERSPECTIVA S.A.
Av. Brigadeiro Luís Antônio, 3025
01401-000 – São Paulo – SP – Brasil
Telefax: (0--11) 3885-8388
www.editoraperspectiva.com.br
2003

A Shahrokh Meskoob

SUMÁRIO

Prefácio 11

I. A Travessia do Século

1. Uma Infância Parisiense 23
2. O Exílio Americano 33
3. Os Anos de Oxford: *A Morte da Tragédia* 45
4. Como se Pode ser Judeu em nossos Dias? 59
5. A Experiência da *Schoá* 63

II. O Passado Presente

1. Um Mestre de Leitura 73
2. Pensar a Filosofia 79
3. Encontro com Heidegger 83
4. A Paixão pelas Letras 87
5. O que é um Clássico? 91
6. O Sentido do Sentido 95
7. A Ética da Responsabilidade 101

    8. Atenas e Jerusalém 107
    9. Por que Ler os Antigos? 113

III. A Linguagem e o Mundo

    1. As Antígonas 119
    2. A Tragédia e o Trágico 125
    3. Hegel e Kierkegaard 127
    4. O Silêncio e o Sacrifício 131
    5. O Fim da História 135
    6. As Doenças da Linguagem 139
    7. A Crise da Educação 141
    8. Hölderling e a Linguagem 147
    9. A Tragédia e a Revolução 153
   10. A Presença de Shakespeare 155

IV. A Dívida do Amor

    1. A Música na Alma 161
    2. Depois de Babel 167
    3. A Uniformização da Linguagem 175
    4. Da Solidão 179
    5. Tolstói ou Dostoiévski 183
    6. Os Mestres da Mentira 187
    7. A Criação do Romance 193
    8. O Duro Desejo de Durar 197

Anexos 201

PREFÁCIO

Tenho a impressão de que, se a arte possui um dever, é o de lembrar ao homem que ele é um ser espiritual, que é transportado por um espírito infinitamente grande para o qual, no fim de contas, ele retorna.

ANDREÏ TARKÓVSKI

Foi no mês de outubro de 1989, por ocasião do XXIII Encontro Internacional de Genebra, na saída do auditório Jean-Piaget, da Universidade de Genebra, que conheci George Steiner. O que mais me impressionou então foi a saborosa clareza e a eloqüência com as quais ele exprimia seu desejo de convencer, embora recusando energicamente todo entrave ao exercício da beleza e da liberdade do espírito.

Steiner não era de modo nenhum aquele "monstro frio" como o descreviam aqui e acolá: o homem que eu começava a conhecer parecia sensível e afetuoso. Os traços marcados pela força do destino e o verbo de uma altivez inigualável davam a impressão de um homem de uma vivacidade e uma inquietação surpreendentes. Fiquei imediatamente monopolizado por seu olhar atento e perscrutador que continha um fundo melancólico estriado às vezes por clarões de malícia. Além disso, apresentava aquele sorriso em que se encontrava todo seu espírito. Steiner é um homem de uma memória incrível e de uma cultura profunda, tal como eu imaginava, após a leitura de seu livro *A Cultura Contra o Homem*, no final da década de 1970. Um livro sob muitos aspectos na contracorrente de seu tempo que devia levar seu autor ao patamar mais alto do pensamento contemporâneo. Lembro-me ainda de ter sido subjugado tanto por seu procedimento crítico quanto por sua atitude resoluta, que se manifestava como o encontro de um espírito livre com a verdade. E havia, ainda, a franqueza e a justeza de tom com os quais afirmava a extrema confusão de nosso mundo, não sem uma ponta de ironia a respeito dos doutos especialistas da "democratização da alta cultura". Enfim, o livro surpreendia pelo tema central, que se achava colocado em relevo segundo a problemática da "passagem de um estado de cultura triunfante a uma pós-cultura ou uma subcultura", que se traduzia por uma "suspensão da palavra" universal.

Contudo, não foi por curiosidade intelectual que eu propus a George Steiner realizar as entrevistas consagradas à sua vida e obra. Pois eu era sobretudo um dos que esperava dar a conhecer um pouco mais aquele que encarna seguramente uma das maiores consciências de nosso fim de século. Aceitou sem hesitação, porém, advertiu-me que não poderíamos, possivelmente, começar a trabalhar antes do verão. Precisava terminar primeiro seus seminários em Genebra, e a seguir, as conferências previstas na Inglaterra.

Alguns meses após o nosso breve encontro em Genebra viajei para a Inglaterra a fim de realizar as entrevistas. Cheguei a Cambridge durante uma bela manhã do mês de julho. Um lençol luminoso invadia o céu britânico onde flutuavam rolos de pequenas nuvens brancas. Um ar ameno envolvia a cidade e incitava o viajante, vindo de longe, a flanar. Cambridge é uma cidade em que as pessoas gostam de ler, beber e caminhar. As escolas, os *pubs* e as livrarias dividem-se assim sem medir favores. Pois, dos livros não se escapa em Cambridge. Que eu saiba existem poucas cidades pequenas no mundo que podem engendrar a efervescência cultural de uma grande metrópole como Paris ou Berlim, sempre conservando realmente a intimidade de um vilarejo. É um fato. Cambridge embalou em seus braços um grande número de gênios como Wittgenstein, Russel ou Whitehead. Nisso, a cultura e a história fazem parte de seu cotidiano. Foi no meio dessa cidade harmoniosa que encontrei de novo George Steiner em sua tebaida de intelectual judeu, em que leva uma vida calma e aprazível em companhia de sua esposa Zara, uma historiadora de renome mundial, de seu cão e de seus livros. Eu não saberia dizer com exatidão que acúmulo de gentileza e benevolência valeu-me a qualidade de convidado, mas as palavras de cortesia e de extrema amabilidade traduzem ainda de modo insuficiente a generosidade da acolhida que me foi dispensada pela família Steiner. Mal liberto do feitiço dos esplendores arquitetônicos de Cambridge, como o dormente que dissipa rapidamente os restos de seu sonho e reintegra a realidade, eu me entranhei no espaço imaginário da biblioteca de Steiner. Não me esquecerei jamais do perfume de serenidade que exalava essa biblioteca, qual o ambiente que a gente encontra ao entrar em uma igreja. Meu olhar de um só relance percorreu e reconheceu toda a atmosfera calma e ordenada dessa biblioteca, em que se sentia plenamente o peso físico e místico dos livros. Foi quase com um sentimento de veneração religiosa que descobri a edição original de *A Metamorfose*, de Kafka e a do *Tractatus*, de Wittgenstein.

Steiner me reservara um quarto no Churchill College no qual é *fellow*. A poucos passos de lá se achava seu escritório abarrotado de livros – e especialmente de traduções de suas obras em línguas estrangeiras – em que trabalhamos de manhã e à tarde, quase sem intervalo por duas a três horas seguidas. No decorrer de nossos múltiplos encontros, fiquei surpreso pelo cuidado com o qual Steiner abordava cada questão. Ele me escutava com cuidado e respondia com uma moderação que não excluía, em certos momentos, um lance de cólera fulminante. Contudo, me inclino a crer que a cólera em Steiner não é uma simples manifestação de agressividade, porém uma maneira de recusar a injustiça e a vulgaridade do nosso mundo. A esse respeito, Steiner fez de sua cólera um método filosófico para lutar contra todos os conformismos sectários e os particularismos de paróquia. Além disso, há um certo ímpeto d'alma, até um certo gosto de liberdade no trabalho de George Steiner que, ao modo de uma tempestade imobilizada na doçura das areias, ensina-nos a vencer as deliciosas miragens desérticas que nos entretêm com os cenários tecidos por nossa época. Pois, a obra de Steiner não é uma, e aquele que a visita se enriquece nas múltiplas facetas desse encontro. É um verdadeiro caleidoscópio de sentimentos e de conhecimentos. É também um *modus vivendi* que devemos descobrir, como se vivêssemos o espaço de uma viagem em uníssono com a grande tradição de uma civilização isolada. Mas, para que essa viagem se sublime e nos traga uma visão mais vasta da realidade, é preciso nos dispormos ao engajamento étnico dessa obra para podermos reconstituir através dela o quebra-cabeças geográfico dos lugares de memória de nossa cultura. Não há, portanto, outra maneira de se aproximar da obra de Steiner a não ser a de se unir à sua paixão de ler o mundo. Pois, lê-lo é viver ainda ou, antes, ser um "sobrevivente" num mundo onde os homens, por sua própria estupidez, tornaram-se cúmplices morais dos sistemas de barbárie. Assim, sua experiência de leitura nasceu de uma preocupação profunda com a verdade em face da questão da "complexidade trágica da vida do homem". Confrontada com "a tragédia absoluta" da História, sua obra assume o sentido de uma resistência espiritual. Em outros termos, a "teologia" aparece na consciência radical de George Steiner como uma questão incontornável. Toda reflexão sobre o destino trágico do homem é, por conseguinte, acompanhada, em seu pensamento, de um questionamento sobre a dimensão transcendental de uma obra que é capaz, ao mesmo tempo, de verificar a possibilidade de uma desgraça do homem na História e de iluminar o caminho que conduz à sua superação. Tudo se constrói, pois, em seu trabalho ao redor da relação da palavra humana com a experiência radical de sua negação pela barbárie totalitária. Adorno colocara o princípio disso:

> A crítica da cultura se vê confrontada no último grau da dialética entre cultura e barbárie: escrever um poema depois de Auschwitz é bárbaro, e este

fato afeta até o conhecimento que explica por que se tornou impossível escrever poemas, hoje.

Ora, Steiner tem plena consciência do problema insolúvel que se lhe apresenta cada vez que decide refletir sobre a literatura ou abordar uma obra de ficção:

> Nós somos aqueles que vêm depois, escreve Steiner, sabemos doravante que um homem pode ler Goethe ou Rilke à noite, desfrutar de trechos de Bach ou de Schubert, e na manhã seguinte, ocupar-se de seu trabalho cotidiano em Auschwitz. Dizer que ele leu sem compreender ou que fez que não ouviu é uma escapatória demasiado fácil. Será por sabermos quais podem ser as conseqüências para a sociedade e para a literatura, ao passo que de Platão a Mattew Arnold e Alain a esperança baseada na força humanizante da cultura tornou-se quase um dogma, é que todos crêem no valor desta energia espiritual inspiradora do comportamento? Além do mais, as instituições que tinham o encargo de promover a civilização e de divulgar os resultados – universidades, artes, publicações – não somente não souberam se opor com eficácia à barbárie política, porém, a glorificaram, com freqüência concederam-lhe honras e a cobriram de elogios.

George Steiner se afirma assim como um espírito livre e independente, à margem de todo sistema, junto ao qual se combina a exigência ética de um "sobrevivente" com a preocupação ontológica de um "mestre de leitura". Assim, pois, se é justo louvar a fidelidade absoluta de Steiner aos valores humanistas da tradição judaica ("A Bíblia sempre foi importante para mim. Ela não me abandona jamais"), é preciso, todavia, insistir na autenticidade e originalidade de seu pensamento que, marcado por uma ligeira melancolia (em relação ao tempo da alta cultura), e tinto de ironia frente à nossa época (em que "o gênio é o jornalismo"), apresenta-se como um hino à beleza e à veracidade da leitura. Toda a leitura é, para Steiner, uma interrogação antológica e uma experiência de liberdade. E isso, ele explica, porque

> [...] nós somos criaturas ao mesmo tempo frustradas e consoladas pelo chamado de uma liberdade que está fora de nosso alcance. A experiência da liberdade só se manifesta em um único domínio. Em uma única esfera da condição humana, ser, é ser livre. E isto se dá no nosso encontro com a música, com a arte e a literatura.

Pois, a leitura é uma maneira de se confrontar com a dimensão transcendental da obra, isto é, com a questão fundamental da metafísica colocada pelos pré-socráticos e por Leibniz, a saber: "Por que há algo de preferência a nada?" Ler um poema, escutar uma sonata ou contemplar um quadro é uma maneira de remontar à fonte, à questão essencial da obra de arte, à essência do Ser:

> Lá, onde realmente lemos, escreve Steiner, lá onde a experiência deve ser a do sentido, procedemos como se o texto, o trecho de música, a obra de arte encarnasse uma presença real de um ser significante. Essa presença real, como em um ícone, como em uma metáfora realizada do pão e do vinho consagrados é finalmente irredutível à toda circulação formal, à toda desconstrução analítica e toda paráfrase.

Há, portanto, para Steiner duas maneiras de abordar uma obra: uma abordagem ruim que é estéril e uma abordagem boa que é fecunda. A leitura estéril é aquela que se coloca à altura do texto ou do objeto de arte e faz desaparecer a dimensão ética da leitura em proveito de uma simples dimensão técnica. Em compensação, uma boa leitura que é fecunda se oporia categoricamente a toda e qualquer equação entre o texto e o comentário (que converte o primeiro num "pré-texto" para o segundo) e optaria por "uma reciprocidade vitalizante" que reconhece a primazia e a prioridade da obra sobre o comentário. George Steiner introduz aqui o conceito de "responsabilidade" pondo o acento ao mesmo tempo sobre seu sentido moral de preencher um dever e sobre seu sentido espiritual de responder por seus atos diante do outro:

> Denominarei de responsível (*answerable*), [ele afirma], uma resposta interpretativa submetida à pressão que implica o entrar em ação de uma obra. A experiência autêntica da compreensão, quando um outro ser humano, quando um poema nos fala, é uma resposta responsável (*responsible*). Nós somos responsáveis para com o texto, a obra de arte, a oferenda musical em um sentido muito particular que é, ao mesmo tempo, moral, espiritual e psicológico.

É essa atitude de responsabilidade que Steiner tenta restaurar em nosso relacionamento com a estética. O eixo central dessa relação, nos diz ele, deve ser a *cortesia*, que existia tradicionalmente entre um anfitrião e seu convidado. Pois ser "investido" pela música, pela arte, pela literatura, receber atribuição de ser responsável por uma determinada habitação como um anfitrião por seu convidado – talvez desconhecido, inesperado – é efetuar a experiência do mistério banal de uma presença real.

Ora, nossa época tem medo desse mistério. Ela recusa todo acesso à obra prima, por medo de ver sua vida modificada por ela. É a tirania do cotidiano que prevalece sobre o amor do eterno. O eco mediático faz, portanto, extraviar a voz essencial da obra nas "geleiras deste século", como diria o poeta russo Varlam Chalamov. O leitor não está, pois, mais ofuscado pelo poder transcendental que preenche a obra do poeta ou do escritor. Permanece, portanto, insensível à coragem crítica diante dos sofrimentos do tempo. Dito de outra forma, pode-se afirmar com Rilke que

[...] as obras de arte são sempre o resultado de um perigo que se correu, de uma experiência conduzida até o fim, até onde ninguém pode ir mais longe. Quanto mais longe se vai, mais o vivido se torna singular, pessoal, único e a obra de arte é enfim a expressão necessária, irrepreensível, tão definitiva quanto possível, dessa singularidade.

Isso sem dizer que essa "singularidade", da qual fala Rilke, deve ser também a da crítica em seu trabalho de compreensão da obra. Cumpre talvez, também, propor-se a questão: por que a crítica, por que esse exercício? A resposta de Steiner nos parece clara e distinta. Seu primeiro livro *Tolstói ou Dostoiévski* abriu-se com esta fórmula: "A crítica literária deveria nascer de uma dívida de amor". Atualmente, quase quarenta anos mais tarde, essa problemática é mais do que nunca a de Steiner. Ela atravessa toda sua obra de *A Morte da Tragédia* até *Presenças Reais* passando por seus romances como *O Transporte de A. H.*, *Anno Domini* e *Épreuves*, publicado na Inglaterra, em que encena o face-a-face entre um revisor de provas, fiel aos valores marxistas e hostil à chegada na Europa do "capitalismo californiano", e um padre, para quem "o coração do comunismo é a mentira e a traição sistemática da esperança humana". Essa novela de Steiner segue-se à sua análise dos acontecimentos do Leste, no número da revista *Granta* em dezembro de 1989, em que puxava o toque de alarme a propósito da onda de consumismo que assolava os países do Leste com a chegada maciça dos videocassetes pornôs e dos *fast food* americanos. O futuro deu razão ao diagnóstico de George Steiner, pois, assistiu-se, nos países do Leste, a uma tendência deficitária das instituições culturais e artísticas nacionais em proveito de uma distribuição rápida de subprodutos culturais japoneses e ocidentais. "Diz-se que a democracia vai permitir a abertura de uma torneira de água fresca e, de fato, nos empoleiramos em cima dos esgotos", dizia, a propósito disso, o cineasta russo Nikita Mikhalkov.

Lendo Steiner tem-se a estranha impressão de que no homem e sua história, lá em que há esperança, o trágico não está longe, e vice-versa. Encontra-se aqui o sentido da utilização da parábola no relato steineriano. Quando os discípulos se aproximam de Jesus e lhe perguntam por que Ele fala por parábolas, Ele lhes responde:

> Porque a vós é dado a conhecer os mistérios do reino dos céus enquanto que àqueles lá, isso não é dado [...]. Eis por que eu lhes falo por parábolas: porque eles olham sem olhar e porque eles ouvem sem ouvir nem compreender.

Pois bem, se Steiner escolheu escrever por parábolas é, talvez, porque o tema de seu trabalho tem tanto de revelação quanto de segredo na História e na cultura. Transposta para o universo de Steiner, a parábola se transforma em elogio de uma linguagem perseguida pela reafirmação do sentido que se apresenta como um ato de liberdade. Entretanto, não nos esqueçamos de que essa reflexão se situa no horizonte de uma crise da cultura e do niilismo generalizado em nossa época. Falemos melhor e mais precisamente: ela se retira diante delas para enfrentá-las. Por essa razão, a questão da política não cessou de prender a atenção de George Steiner. Contudo, ele não fez obra de pensamento político, propriamente dito, sem dúvida para não ceder ao alistamento militante do pensamento. Mas, não se receie, existe em Steiner uma reserva profunda em face das ambições totalizantes e messiânicas de uma escatologia política. Tal reserva não conduz, no entanto, a uma falta de engajamento. O complemento prático de seu trabalho sobre a linguagem e a cultura é também sua responsabilidade universitária como professor de "literatura geral" na Universidade de Genebra. Pois, em uma época em que as crianças não percebem o mundo senão através das imagens publicitárias da televisão, e na qual os jogos de vídeo se impõem como a única forma do universal humano, o ato de ensinar Platão, Hegel, Shakespeare ou Homero é, com toda evidência, um ato político. Cumpre ainda convir que, desde a queda do muro de Berlim e o naufrágio da utopia comunista, a crença em uma certa dignidade do homem se esboroou com a certeza de uma história melhor. Assim, à medida que o Anjo da História nos vira as costas para desaparecer abaixo do horizonte, somos invadidos por um enfraquecimento do *élan* democrático em uma espécie de indiferença e de abandono cívico em que as riscos do espaço público ficam reduzidas ao cinismo dos interesses e das ambições individuais. Na realidade, as grandes noções como a crítica, a utopia, a autonomia a partir das quais eram concebidos os vastos contra-projetos sociais e políticos, na esperança de melhores amanhãs, são sacrificadas à pseudo-religião de uma expansão descontrolada do domínio racional da vida e de uma indústria cultural onipresente que reduz os valores espirituais das grandes obras de arte e das construções filosóficas a uma bugiganga embalada no vazio nos grandes magazines. E é aí que está o que constitui a questão. Vivemos no presente segundo a moda dos projetos, mas a questão do sentido desses projetos ou, para falar como Steiner, a questão do sentido do sentido não é colocada. Como diria Octávio Paz, "hoje a literatura e as artes estão expostas a um perigo diferente: estão ameaçadas não por uma doutrina ou um partido político, porém, por um processo econômico sem face, sem alma e sem direção".

Sem dúvida pode-se julgar essa evolução natural e necessária, mas isso é não compreender a verdadeira questão, que é a da ética da criação. É não ver que, por falta de um itinerário de fidelidade, de exigência e de exemplaridade expressa por uma longa pesquisa interior, os criadores de hoje não se proíbem de recorrer a qualquer mentira, nem a qualquer "mais ou menos", para fazer de sua criação um risco do espetáculo mediático em nossa sociedade. Num mundo em que a cultura se converteu no negócio dos grandes comerciantes de sabão em pó e espuma de barbear, que lugar poderia ser ocupado por aquilo que Thomas Mann chamava "o significativo", isto é, "um fenômeno espiritual [...] que sai de seus próprios limites, exprime e simboliza algo de mais amplo e de mais geral, espiritualmente falando"? É inútil, pois, cantar loas da democracia moderna, quando se assiste abertamente, na vivência do homem democrático, a um movimento de "mediocrização" das paixões culturais. Evitamos assim a ilusão de crer que o problema cultural não constitui o cerne do mal-estar político em nosso mundo. Quando se sabe que a cultura não preenche mais, hoje em dia, sua função adventícia de formação intelectual, estética e moral do homem, não serão mais de espantar as palavras do Diretor Geral (P-DG) da Walt Disney, nas páginas do jornal *Le Monde*, quando declara que "a única coisa que nos resta são nossos produtos culturais [...]. Nós produzimos entretenimento, nós vendemos pipoca, nós envolvemos as pessoas nas baladas e nós lhes narramos contos de fadas".

É justamente a falta de uma responsabilidade cultural e de uma aspiração ao espiritual no trabalho artístico atual que parte a interrogação de George Steiner cujos eixos maiores são tratados nas páginas que se seguem.

Ramin Jahanbegloo

I. A Travessia do Século

1. UMA INFÂNCIA PARISIENSE

Ramin Jahanbegloo – *O senhor nasceu em Paris em 1929; como transcorreu sua infância?*

George Steiner – A pergunta que o senhor me propõe não é tão simples. Uma divergência nasceu de imediato entre as condições excelentes, até mesmo ideais de vida burguesa, e um acesso fácil à cultura – nosso apartamento situava-se no XVIe *arrondissement,* o que resultava, aliás, na pertinência a um certo meio parisiense – e um contraponto imediato que jorrou do peso aterrador da escalada do nazismo e da ameaça hitlerista. Meu pai, de ascendência tchecoslovaca, emigrou muito jovem para Viena e encontrou neste Império Austro-Húngaro uma verdadeira tolerância a tudo que pudesse contribuir para o desabrochar dos talentos inerentes a cada um. Em nossos dias, a humanidade trágica dos países do Leste daria muito para que ressurgisse esse império defunto cuja sombra começa de novo a luzir. Meu pai, cuja situação material era extremamente precária, pode experimentar uma ascensão fulgurante no Liceu. De fato, o Império Austro-Húngaro abriu-lhe as portas do êxito, graças à inteligência e ao exclusivo mérito dele. Foi assim que o Akademisches Gymnasium lhe proporcionou a oportunidade de aprender o grego e o latim no melhor nível possível. Depois, abriu-se-lhe uma grande carreira na Universidade de Viena, pois ele estudou ao mesmo tempo direito civil e economia política sob a égide da célebre escola vienense da qual Hayek viria a ser, em nossos dias, o principal representante. Judeu de origem tcheca, meu pai tornou-se, aos vinte e quatro anos, embora não gozasse de nenhum apoio financeiro, secretário jurídico no Banco Central da Áustria. Aí está um exemplo característico de carreira fulminante no coração da judeidade da Europa central. Tento compreender, pela leitura de jornais da época, a morte de meu pai em 1968, no dia da invasão soviética em Praga, convencido de que essa morte não era uma coincidência. Foi a última provação de sua existência à qual ele não quis sobreviver. Quando penso nele, me vem ao espírito este senso de intuição quase sobrenatural, de faro, que o fazia pressagiar o futuro. Enquanto seguia uma brilhante carreira na Áustria – um fiacre conduzido por dois cavalos representando o símbolo de seu sucesso –, pressentiu a escalada do hitlerismo a partir do fim da Primeira Guerra Mundial, percebendo que a sobrevida material desse país, assim como seu gênio cultural, não tinha mais base real. O medo da guerra iria engendrar perturbações violentas, haviam encontrado todos os bodes expiatórios. A ameaça deixava entrever que sobreviriam acontecimentos dramáticos.

Meu bisavô havia descoberto, por acaso, numa botica da cidade galiciana de Landberg, o drama de Büchner intitulado *Woyzeck*. Numa época em que ninguém conhecia o valor desse texto, ele, confiante no seu julgamento de escritor, publicou-o, sabendo que tinha em mãos uma obra-prima. Ainda hoje, considero que ter salvo esse manuscrito do esquecimento, dessa maneira, é um título de nobreza para nossa família.

Minha mãe era originária de uma antiga família vienense de confissão judaica. Sua educação, própria àquela da alta burguesia da época, era cosmopolita e poliglota, o que lhe permitiu apreciar ao mesmo tempo a cultura francesa, italiana e inglesa. Seu destino também foi timbrado pelo selo do excepcional. Durante a Primeira Guerra Mundial, ela viajou diversas vezes a Budapeste e, fato característico, lá se encontrava quando se encetava a revolução de Béla Kun. A função de minha mãe consistia em adquirir, para o exército austríaco, couros e peles que a Hungria fornecia. Foi uma das primeiras mulheres a ocupar um cargo no Ministério da Guerra. Seu casamento lhe ofereceu, além de um futuro radioso, um modo de vida cujo luxo se exprimia por uma casa em Viena, hoje residência natal de minha irmã mais velha. Foi por isso que ficou extremamente ferida pela decisão de meu pai de abandonar essa cidade. Ela não o compreendia, já que a família havia sobrevivido à Grande Guerra e à revolução de Béla Kun. Sua argumentação se prendia também ao fato de que a situação econômica melhorava, a despeito de uma inflação galopante. De minha parte, considero que essa decisão paterna foi o primeiro ato de uma clarividência cuja potência se aproximava da força profunda da *Umheimliche*, da inquietante estranheza.

Mas o que se passou depois que sua família deixou Viena em 1924 e foi se instalar em Paris?

Meu pai teve que recomeçar do zero. A situação econômica dos anos trinta era muito difícil. Ele soube, porém, lutar e escrever artigos de modo preciso sobre economia, publicados no *Manchester Guardian*, o que representou um de seus primeiros contatos com a Inglaterra. Conseguiu em seguida encontrar trabalho em uma grande firma americana, mas, de novo, ele se chocou com o anti-semitismo dos aristocratas americanos de Wall Street que pertenciam a uma outra geração. Não era a mesma forma de ódio racial, mas os antecedentes de meu pai, judeu e natural da Europa central, não o favoreceram em sua integração nessa nova pátria.

Quais são suas lembranças de Paris nessa época?

A princípio residimos na avenida Paul-Doumer, próximo à rua de la Pompe, onde encontrei uma colônia de imigrantes judeus da Europa central. O Liceu Janson-de-Sailly era um pouco o núcleo de nossa irradiação intelectual. Fato curioso, meus pais me deram uma educação tal que, desde meu nascimento, eu falava indistintamente o alemão, o inglês e o francês. Dou graças a meu pai, pois, como escrevi em *Depois de Babel*, ele soube adivinhar que uma língua que se aprende é uma nova liberdade, uma língua nova, um cosmo e um mundo somente dela, enfim uma chance de sobrevida inestimável. Encarar de frente o estudo dessas três línguas não me surpreendia em nada, cheguei mesmo a pensar que fosse algo inteiramente natural. Tinha sob os meus olhos o exemplo de meu pai que me contava continuamente que, em Praga, falava-se espontaneamente o ídiche, o alemão, o hebraico e o tcheco. Nascido de uma família culta, sua primeira governanta ensinou-lhe também o francês. Isso me faz pensar no universo de Nabokov que, quando vivia em São Petersburgo, falava inglês antes de aprender o russo. Em nossos dias me entristeço por este receio tipicamente americano de amedrontar as crianças ao lhes dar uma educação multilíngue. Meu pai era diferente: desejoso de me ver abrir as portas de outros modos de conhecimento, inscreveu-me na escola americana de Paris, à rua Théophile-Gauthier. Seu gesto, por original que tenha sido, não deixou de levantar críticas dentre seus amigos franceses que julgavam que se devia antes de tudo integrar-se na cultura francesa. Meu pai nunca acreditou verdadeiramente nessa idéia de assimilação. É verdade que adorava a França, mas tendo acompanhado o caso Dreyfus, não lhe concedia sua confiança. Estava convencido de corpo e alma de que os judeus deviam ter à mão sua bagagem preparada, de tal modo que pudessem fugir rapidamente, por isso o seu lema preferido era: "As grandes malas estão sempre feitas, os títulos podem ser deixados para amanhã". Era apaixonado pelos fatos, pelos acontecimentos que se desenrolavam e esse interesse maior constitui estranhamente a primeira de minhas lembranças. Foi em 1934, eu tinha cinco anos. Paris vivia maus momentos. O movimento de extrema direita dos *Croix-de-Feu*, que se poderia comparar a uma parte do movimento atual de Le Pen, subia a rua de la Pompe, devidamente escoltado pelos *Camelots du Roi*. Eles berravam: "Morte aos Judeus!" Minha ama-de-leite alemã, que falava o alemão culto já que ela era originária de Potsdam, correu para me procurar no jardim de infância e me levar de volta a casa o mais depressa possível. Lembro-me hoje ainda de que eles escandiam seus passos "Antes Hitler do que Blum!". Quando chegamos em casa, minha mãe fechou as venezianas, enquanto que meu pai, que também havia retornado rapidamente, mostrava uma calma absoluta. Ora, eu queria ver o que se passava e pedi a mamãe que abrisse as venezianas. Olhei aquela multidão que passava na rua, quebrando as vitrinas e gritando *slogans*. Nesse preciso momento, meu pai veio perto de mim e disse-me com seu tom muito calmo: "Veja, meu pequeno, isto é a História". Jamais esquecerei as palavras de meu pai. De imediato não compreendi o que ele queria dizer, mas suas palavras logo me acalmaram. A seguir, vi o mundo sob um novo dia e respondi ao meu pai: "De acordo, papai, isso se chama História"; e, desde então, diante de crises das mais graves que sejam, eu sei que "isso se chama História". Para a criança que eu era, essa frase foi decisiva, determinante.

A esse propósito, o senhor poderia falar com mais detalhes sobre a educação que recebeu de seus pais?

Como já lhe expliquei, fiz meus primeiros anos na escola americana de Paris. O ensino lá era ministrado em inglês, enquanto que, em casa, as aulas particulares permitiam aperfeiçoar meu francês. Meu pai, cujas jornadas de escritório eram extremamente longas – o temor com a escalada do fascismo alimentava nele vivos receios quanto ao futuro de sua família, receios que só hoje posso entender –, liberava-se várias noites por semana para sentar-se ao meu lado. Seu ensinamento era múltiplo. Seu método, antes de mais nada, consistia em me dar cada vez mais vontade de ler. Ele lia Homero numa bela versão do século XVIII, que, aliás, conservei em minha biblioteca. Meu pai me explicava em alemão as molas da história e, de repente, estacava a fim de começar a traduzir para mim, do grego, a Odisséia. E é assim que fiz minha iniciação na aprendizagem do grego. Foi uma revelação da séria lição de psicologia que meu pai me dava. Então compreendi que abordar um texto, conhecer a língua, dispensava-me de recorrer aos tradutores. Ademais, minha curiosidade de leitor se aguçava de livro em livro, porém eu só teria o direito de ler a obra seguinte com a condição de haver resumido aquela que eu terminara.

Meu pai me comprava livros, mas me deu, também, um caderno com capa de couro em que devia escrever minhas anotações de leitura. Tudo residia na explicação que eu dava ao meu pouco entusiasmo diante de um livro de que não gostara; eu podia dizê-lo, com a condição de argumentar. Meu pai não fazia nenhuma crítica aos meus gostos livrescos, estudava o que eu havia anotado e eu tinha o direito ao meu próximo objeto de cobiça literária. Era preciso que resumisse o que havia lido, e em caso de necessidade, que eu lhe transmitisse de cor, e eu encontrei nesse exercício, aquilo que me permitia ter o senso das línguas. O que eu devo a este homem severo e sombrio, obsedado pela ameaça hitlerista, é essa educação que toca à graça. Quando tinha sete anos, eu lhe colocava questões sobre o sentido da educação que me dava. Recusava responder e se contentava em dizer-me: "Tudo isto que faço é para que não saiba jamais o que é uma ação ou um valor bancário. Tudo isto que eu faço é para que um dia você seja um sábio [...]". Isso se devia, é claro, ao grande sonho judaico. As gerações anteriores sofrem e o pai se sacrifica – se a situação lhe permite – de modo que seu filho se torne uma personalidade marcante no domínio das ciências. Eu creio profundamente que meu pai me destinava ao professorado mais do que a qualquer outra coisa. Por certo, adorava a literatura e a conhecia maravilhosamente, mas tinha ancorado nele a imagem daquele que transmite o conhecimento e o amor aos textos. Ele publicara três monografias sobre o pensamento econômico de Saint-Simon, reformador socialista francês, o que lhe valeu ser convidado para a Universidade de Viena, que lhe propôs tornar-se assistente. Como devia prover as necessidades de seus pais, recusou o cargo, mas compreendi mais tarde que ele desejava que eu fosse aquilo que ele próprio não pode ser, e isso permaneceu dentro de mim como uma palavra dada de jamais voltar atrás de um pacto sagrado. Guardo uma lembrança fabulosa dos verões que passamos na costa normanda, os verões em que meu pai me fazia estudar os clássicos. Ele amava a Mancha, enquanto minha mãe e minha irmã choravam o tempo todo porque, mesmo em julho, chovia sem parar. A casa que alugávamos era muito bonita. Uma biblioteca devidamente fornida me cercava e eu passava os dias inteiros a ler.

Mas há um outro ponto que me atinge de repente quando penso nessa infância. Nasci com um grave defeito no braço e na mão direita, defeito que minha mãe se recusou a aceitar e contra o qual ela lutou toda a sua vida. Hoje se permite às nossas crianças de serem canhotas. O tratamento que me reservaram não tinha nenhuma medida comum com as práticas atuais. Eu ficava com a mão esquerda atada às costas e aprendi a escrever e a pintar com minha mão direita, que era praticamente paralisada. Demorei seis meses para aprender a amarrar meus sapatos, o que deixava minha mãe completamente desolada. As pessoas não se dão conta de que, para dar um laço, é preciso poder servir-se das duas mãos. Finalmente, consegui vencer essa dificuldade e bendigo a minha mãe ter me insuflado tudo que existe em mim de força de vontade e de domínio. Eu lhe devo igualmente minha hesitação diante de todas as terapias ditas modernas. Essa desvantagem me trouxe, ao contrário, felicidade. Graças a ela escapei do exército e me foi possível, portanto, terminar o curso universitário rapidamente. Em criança, me falavam: "Que sorte você ser canhoto, é um título de nobreza, você não é como os outros", e embora eu desconhecesse então o valor dessa profecia, ela se revelou exata. É o contrário até da psicologia coletivista americana ou da psicanálise freudiana que exige do indivíduo ser semelhante aos outros. A própria idéia de ser "como os outros" me parece uma aberração. Se jamais eu estiver de acordo com alguém, enquanto me encontrar no mesmo recinto que essa pessoa, eu me chamarei imediatamente de um imbecil. É o fruto da educação que recebi de meu pai, que me repetia que eu era diferente dos outros e que gozava de um grande privilégio. Pude me beneficiar da facilidade material, das viagens e do ambiente de minha casa, onde encontrei pessoas cujas conversas me pareciam apaixonantes, muito embora eu ignorasse que elas eram refugiadas. Por exemplo, davam-se concertos na casa de meus pais para ajudar os músicos expulsos de Viena ou da Alemanha. Durante este terrível decênio dos anos trinta, as pessoas partiam deixando para trás toda sua vida. Lembro-me de um presente que me fizeram: pequenas esporas para crianças com as quais eu não podia brincar em casa porque elas dilacerariam as alfombras. Uma noite, ao retornar do parque de la Muette onde costumava brincar, entrei correndo no salão munido das ditas esporas. Meu pai se ergueu de seu assento para me punir e eu tive a impressão de me encontrar frente a uma forma gigantesca que me fazia pensar – sem razão a não ser o medo – em um aspargo branco. E, em seguida, ouvi uma voz muito doce sussurrar: "Isso não faz nada". Essa voz era a de James Joyce que participava, naquela tarde, de uma reunião organizada por meus pais, reunião em que se preparavam conferências e contribuições para revistas de vanguarda. Esses foram momentos de minha infância dos mais privilegiados.

Uma outra lembrança me ocorre: vejo meus pais instalados em volta de um rádio para ouvir Hitler proferindo, em Berlim, um discurso que beirava à demência. Meu pai nos predizia: "Este homem vai fazer o que diz". Ao passo que todas as pessoas que ele conhecia não viam em Hitler senão um palhaço histérico e pressagiavam o fim rápido dessa história horrorosa, ele sabia, em seu imo, que esse pesadelo não ia ser breve e começava a combatê-lo, preparando nossa partida para lugares mais seguros. Não tinha nenhuma ilusão com a política francesa, tendo estudado essas coisas de perto; ele dizia para nos convencer: "A França é maravilhosa, mas outros lugares também o são". É, ao mesmo tempo, muito simples e muito complicado. Se repito em cada um de meus livros – mesmo que isso enfureça um bom número de meus leitores – que a árvore tem raízes, o homem tem pernas e isso é um imenso progresso, estou, assim, no caminho correto que meu pai me traçou. Jamais ele se contentou em dizer: "Não é mesmo que o que temos é magnífico", sem que acrescentasse imediatamente "você vai ver, aquilo que se passa em outros lugares é igualmente apaixonante". Esse também é meu credo. À guisa de exemplo imaginemos que eu deva ir amanhã à Jacarta. Espero aprender o indonésio, fato que perturbaria a preguiça que me espreita. Em segundo lugar, é provável que não encontrasse um trabalho palpitante mas seria interessante considerar outra coisa. Enfim, creio que não censurarei a Deus, com quem falo demais, de me punir por tal sorte. Ao contrário, eu o louvaria de me haver enviado para um universo tão diferente. Tenho certeza de que não é preciso se lamentar da complexidade do mundo e dos traços da História. Ter nascido no século XX é uma espécie de privilégio. Porém, para voltar ao nosso tema, a pressão do ascenso do fascismo era a tal ponto considerável que minha família estava inquieta com o destino de meus avós, que felizmente, se é que posso dizer, morreram antes da eclosão da guerra, e o dos meus primos, infelizmente, exterminados nos campos. Meus pais sentiram a chegada do Holocausto, e à minha maneira eu, igualmente, pressenti que uma tragédia se iniciava ouvindo-os pedir que deixasse o recinto em que os adultos começavam a falar com uma entonação de voz diferente. Restava ainda que, antes de tudo, eu sentia a tristeza e a ironia de meu pai diante de seus amigos franceses quando lhe diziam: "Jamais o tocarão, aqui". A partir desse momento, conheci as angústias da guerra, e como todas as crianças, carregava comigo uma máscara contra gás. Achei uma idéia estúpida ser levado a Saint-Nazaire, mas, de fato, constituía uma idéia genial estar o mais longe possível do Reno que, no entanto, foi o primeiro ponto a ser bombardeado. Assim recebi uma primeira lição sobre o ilogismo da História que usa de artimanhas para com a vida. A vida e a História têm um humor negro muito mais desenvolvido que o do cérebro humano que, sopesando um mapa-múndi, expede seus filhos o mais longe possível do perigo. Kafka havia desmontado os mecanismos desse universo e ele dizia a verdade.

2. O EXÍLIO AMERICANO

Como transcorreu seu exílio nos Estados Unidos?

Os negócios de meu pai nos reconduziram à Paris. Paul Reynaud, então presidente do Conselho, pediu a meu pai que dirigisse uma missão nos Estados Unidos a fim de negociar a compra de aviões de caça. Era a *drôle de guerre* e a França estava seriamente necessitada desse tipo de arma. Na época, Nova York era uma cidade neutra, que acolhia os homens de negócios alemães que lá iam para missões oficiais. Um dia, enquanto meu pai almoçava com a missão francesa, alguns banqueiros americanos sentavam-se à mesa vizinha, mas, também, alguns banqueiros alemães que ostentavam cruzes gamadas na lapela. Um dentre eles, bastante conhecido e grande amigo de meu pai – haviam negociado em conjunto o empréstimo da Siemens –, escreveu um bilhete e pediu ao garçom para que o entregasse ao meu pai que o rasgou sem mesmo olhá-lo, e depois o jogou no chão. Esse homem esperou meu pai no sanitário e lhe disse: "Você vai me escutar. Tire a sua família da França a qualquer preço; eu não sei exatamente o que vai acontecer, mas será terrível". É interessante constatar que dois anos antes da reunião sobre a solução final, e embora não se conhecesse ainda o programa de Auschwitz, um homem de negócios alemão podia saber, por meio de relatórios parcialmente clandestinos vindos da Polônia, que, nesse país, exterminava-se maciçamente. Tais informações eram clandestinas, mas um dirigente da Siemens sabia da verdade pelos generais. Era evidente aos olhos desse homem que o exército alemão ia derrotar o exército francês. Meu pai lhe concedeu total confiança e acreditou nele no ato. Sem dizer uma palavra, saiu bruscamente e, depois, tendo refletido, pediu a Reynaud a permissão de trazer sua mulher e seus filhos aos Estados Unidos por duas ou três semanas, aproveitando-se do pretexto das dificuldades e do atraso nas negociações. Quando essa mensagem nos chegou, por via diplomática, no começo de 1940, vivíamos em um apartamento situado à rua Françoisler, que tinha uma vista incrível sobre a ponte Alexandre-III, fato que representou a concretização dos sonhos de meus pais. Eu e minha irmã cursávamos o liceu e todo mundo dizia, àquele modo bem francês, que, se algum dia abandonássemos nossa escola, jamais ingressaríamos na universidade e que seria uma forma de morte para nós. E, para minha mãe, estava claro que, se alguma vez os alemães concebessem a idéia absurda de atacar a linha Maginot, seus ossos seriam abandonados como alimento aos abutres. A derrota francesa lhe era inconcebível. Não lhe passava pela mente abandonar Paris conosco. Por muita sorte, nas famílias judaicas, as mães se rendem à autoridade de seus maridos, mesmo que elas sejam brilhantes e bem dotadas. Partimos ilesos da França e, francamente, não era mais questão nem da missão de compra, nem de Paul Reynaud. Lembro-me ainda do dia em que meu pai nos anunciou que o governo de Pétain havia retirado a nacionalidade francesa aos veteranos de Verdum de confissão judaica que se tornaram, de um dia para o outro, apátridas.

O senhor tinha a nacionalidade francesa, àquela época?

Sim, como nasci em Paris, eu adquirira automaticamente; mas os outros membros da família não se tornaram franceses, senão mais tarde.

Como sua família suportou este segundo exílio?

Foi um choque para minha mãe, mas seu abatimento foi apenas temporário. Meu pai via esse segundo exílio da mesma forma que o primeiro: isso pertencia à História e não tinha nada de inesperado para ele. Apesar de todos os seus sofrimentos, ele o considerava como uma experiência enriquecedora.

E por que não era um acontecimento inesperado para seu pai?

Ele já havia cruzado com os homens de Vichy, nos grandes bancos franceses, antes da chegada ao poder desse regime. Sentira a escalada do anti-semitismo. Teria ele ficado impressionado com a rapidez da aplicação de medidas anti-semitas de Vichy dada a amplitude das proporções da colaboração francesa? Talvez. Desde o começo, estava convencido de que os porteiros chamariam a Gestapo antes mesmo que ela encontrasse as vítimas. O que se revelou ser exato. Não havia nenhum cinismo na atitude de meu pai, ela se devia a uma espécie de estoicismo impregnado da generosidade de sua imaginação e de sua paixão diante da realidade. Essa idéia de que a realidade tem direitos para além de nossas esperanças.

Então, em Nova York, o senhor prosseguiu seus estudos no liceu francês. Quais são suas lembranças desse período?

Eu tenho ótimas lembranças desse liceu francês, de Nova York, em que ensinavam grandes homens que haviam fugido do nazismo sem encontrar meios de sobreviver no exílio. Com certeza, mais tarde, ocuparam funções universitárias; mas, naquela época, estávamos rodeados de personalidades notáveis como Gilson, Maritain, Perrin ou Ademar. Na esquina da Rua 12, um senhor ministrava um curso sobre os fundamentos da antropologia; chamava-se Claude Lévi-Strauss. Um outro senhor dava um curso sobre os fundamentos do direito e chamava-se Grégoire. Dizer que eu tive do bom e do melhor, é dizer pouco... De mais a mais, oficialmente, nosso liceu era administrado pelo governo de Vichy; o que provocava todos os dias verdadeiras batalhas nas salas de aula, dado o fato de que os vigilantes e a maioria do pessoal se alinhavam do lado de Pétain, enquanto o gaullismo prevalecia entre os estudantes. Essas dissensões, porém, nasciam no seio do próprio corpo estudantil, visto que os filhos dos diplomatas do governo de Vichy estudavam conosco. Antes dos Estados Unidos entrarem na guerra, os diplomatas da extrema direita ocupavam cargos em Washington ou em Nova York. Eram, aliás, pessoas bastante enigmáticas. Por exemplo, um deles veio nos dar um curso sobre nossos deveres de jovens franceses pétainistas. Seu nome lhe dirá algo. Chamava-se Alexis Saint-Leger Leger, mais conhecido sob o nome de Saint-John Perse. Tivemos, também, direito a receber uma visita que jamais esquecerei, a de Charles De Gaulle, um senhor de altíssima estatura.

Em que ano foi isso?

Foi em plena guerra, em 1942. Creio que por ocasião da questão das ilhas Saint-Pierre-et-Miquelon.

Subsistiam ainda, em seu liceu, quando da visita de De Gaulle, elementos favoráveis ao regime de Vichy?

Após a visita de De Gaulle os vigilantes e os professores começaram lentamente a virar casaca e o aluno pouco querido e contestador que eu era começou a ser respeitado. Essa visita criou núcleos de animação entre os judeus e os refugiados. Meu pai me deu, outra vez, uma grande lição de humanidade. Aprendi a nunca desprezar esse gênero de personagem. Era uma pobre gente que pretendia refazer sua vida, mas que havia apostado no pior cavalo.

Voltemos à sua educação. O senhor encontrou no liceu francês de Nova York professores cuja influência foi determinante para o que se seguiu?

Tive, em especial, como professor de filosofia e grego, Jean Borsch, que dava aulas em Yale. Um dia, deu-me um livro intitulado *Descartes, lecteur de Montaigne et de Pascal*. Tal fato abriu-me um número considerável de portas. Esse livro foi para mim uma revelação. Na verdade, tive grandes mestres no liceu de Nova York.

Mas até onde o senhor se viu também impregnado pela vida cultural de Nova York?

Eu vivia entre duas culturas, de um lado a da América e de outro a da França. Isso representava ponto por ponto a dialética arranjada por meu pai. O liceu francês situava-se na Rua 93. Eu percorria os dez blocos que o separava do Metropolitan Museum a fim de ir com freqüência ao Museu com os amigos. Nova York era uma cidade em que formigava uma cultura sem paralelo.

O senhor conseguiu um tempo para seguir o aprendizado do hebraico?

Um rabino me preparou também para minha *bar-mitzvá*, o que significava jornadas bem longas de estudo. Mas, antes de tudo, animava-me a esperança e também a ambição. Foi, aliás, graças a essa esperança que pude, e minha família tanto quanto eu, passar a barreira desses anos difíceis. Meu pai refez sua vida. Tornou-se um grande *investment banker* (banqueiro de investimentos). Era a terceira vez que recomeçava do zero e, provavelmente, sofria com isso, na medida em que a fadiga do reinício devia acarretar um considerável esgotamento interior que nos deixava entrever. Quanto a nós, não gozávamos das mesmas ótimas condições materiais de Paris, porém éramos excessivamente mimados. Minha irmã fez seus estudos em *Radcliffe* e eu também recebi uma instrução fora do comum. Jamais esquecerei um dos momentos mais duros daqueles anos de guerra, quando se acreditava que Leningrado cairia nas mãos dos alemães – foi antes de que a América combatesse ao lado dos Aliados. Uma noite, tínhamos como convidados para o jantar, Franz Werfel e Alma Mahler. Werfel ainda não escrevera esse venerável livro que eu qualificaria, de preferência, de bem construído, *Bernadette*[1], e não haviam,

---

1. *Le Chant de Bernadette. Roman de une destinée merveilleuse*, trad. de Yvan Goll, em *Lourdes*, Paris, Omnibus, 1998.

portanto, feito a filmagem que o iria tornar milionário. Lembro-me ainda das palavras de meu pai durante o jantar: "Esses são os mesmos métodos que farão Hitler triunfar e que presidirão a sua derrota". Esse movimento pendular no pensamento de meu pai não só me impressionou naquele momento, como me impressiona nos dias de hoje. Passamos, pois, por grandes momentos de desespero.

O senhor estava informado dos horrores nazistas nos campos de concentração?

Não, a gente não sabia. Conhecia apenas uma coisa: havia desaparecimentos e era ilusório querer rever quem quer que fosse de nossos amigos tchecos e austríacos. Agora eu gostaria de saber mais a respeito do que sabia naquela época. Um outro acontecimento foi decisivo para mim: a partida clandestina de dois colegas do liceu francês, de Nova York, para se juntarem aos *maquis* de Vercors. Ambos foram mortos, embora não tivessem mais de dezessete anos, ou seja, três anos mais do que eu. Quando a notícia chegou ao liceu, gravamos os seus nomes sobre uma placa com a insígnia "Mortos em Vercors". Na minha classe, porém, havia também dois gêmeos, filhos do almirante vichyista que então comandava a frota francesa na Martinica e que tentava resistir às esquadras americana e inglesa. Eu tive, portanto, uma visão bastante próxima de várias coisas nesse liceu.

Em que ano o senhor recebeu seu diploma de término dos estudos?

Em 1947, depois da guerra. As provas de bacharelato eram as mesmas que em Paris. Três grandes liceus se distinguiam nesse novo mundo: o liceu Stanislas em Montreal, o liceu francês do México e o de Nova York. O exame de bacharelato era corrigido com extrema severidade. Além disso, foi um dos últimos em que houve a matéria de grego... Tive examinadores notáveis como Claude Chevalley, o matemático que mais tarde entrou para o Collège de France, e Schreker, o filósofo leibnitziano. O nível dos estudos era extremamente elevado. Quando estava com os dois bacharelatos no bolso, anunciei a meu pai que iria me preparar para o concurso da École Normale Supérieure. Recebi, além disso, uma menção honrosa e as felicitações do júri, eu era uma verdadeira fera de concursos. Não vou me vangloriar aqui, mas o fato é que eu possuía uma memória prodigiosa, um espírito concentrado nos estudos e um gosto bastante pronunciado pela disputa. Meu pai disse não ao meu desejo de ingressar naquela escola, mas permitiu-me ir a Paris com minha mãe a fim de que pudesse julgar melhor as coisas. Fui, portanto, a Paris e visitei o liceu Louis-le-Grand. Guardo na memória o odor atordoante que as salas de aula desprendiam, enquanto meu raciocínio estúpido de jovem intelectual esnobe consistia em apostar nesse modo de ensino a fim de mais tarde ingressar em uma universidade. Meu pai havia sublinhado, então, que a língua francesa não era mais uma língua mundialmente conhecida. "Se você quer se tornar um escritor, um pensador, arranje um diploma americano, pois você terá sempre o francês como reserva. Se isso não lhe convém, saiba que você é jovem e que sempre poderá voltar atrás". Esses conselhos carregados de bom senso me deixaram de tal modo furioso que escrevi uma carta a meu pai, uma dessas cartas que só um adolescente de dezessete anos é capaz de cometer. Creio que meu pai rasgou-a em seguida.

Mas, no final de contas, o senhor se decidiu por ingressar em uma universidade americana?

Decidi-me por Yale. Graças aos meus dois bacharelatos pude entrar diretamente no segundo ano. Nessa época, essa universidade estava envolta em uma atmosfera de anti-semitismo. Acabavam de nomear para a cadeira de lógica o primeiro professor de confissão judaica. Isso parece grotesco hoje em dia, mas não sei com que palavras posso descrever-lhe esse anti-semitismo discreto e polido, quase sutil. Por outro lado, o clima da universidade me entediava mortalmente; sonhava com Paris e disse então a meu pai que não agüentaria. Ele respondeu-me que deveria esforçar-me, porque não poderia encontrar para mim um novo lugar de estudos, e que eu precisaria aguardar um ano inteiro antes de ir à Paris. Eu havia lido um artigo sobre a Universidade de Chicago, em que um grande reformador chamado Hutchins, acabava de lançar uma experiência interessante. Ele estava igualmente convencido que o sistema americano não valia grande coisa e de que era necessário encontrar uma solução para que os estudantes mais dotados não perdessem seu tempo. A regra pretendia que cada estudante seguisse o curso e passasse nos exames dos quatorze cursos obrigatórios. Uma nota de valor dezoito sobre o total de vinte dispensava o bom aluno de seguir o curso. Eu escrevi a Hutchins no final do mês de outubro. Sem dúvida, deve ter se divertido com este jovem que tinha um pé em Yale e outro em Paris e cuja carta se lia nesses termos: "Dê-me uma nova oportunidade, aqui me entedio mortalmente". Ele me pediu que me submetesse aos quatorze exames e eu obtive dezoito sobre vinte, em vinte disciplinas diferentes, embora um zero gratificasse meus resultados em matemática, física, química e biologia. Isso derivava do fato de haver passado um bacharelato consagrado ao grego e ao latim. Foi então que me deram a chance mais extraordinária, qual seja: fizeram-me seguir o programa científico. Tive literalmente um amor à primeira vista por essas matérias, pois Hutchins havia solicitado ao prêmio Nobel de física que desse aulas para as classes elementares. Tive, pois, Sr. Fermi como professor de física. Acabava de criar a bomba atômica e estava apaixonado pela preparação de uma nova física, menos clássica. Tive também Sr. Urey como professor de química. Divisava para mim, portanto, um futuro inteiramente traçado nas ciências, a ponto de querer fazer nelas uma carreira. Passei minha licenciatura em um ano, em vez de quatro, de resto um fato pouco comum. Naquele ano, éramos somente três a ter obtido o mesmo êxito: o primeiro de meus acólitos, um refugiado alemão que era bem mais forte do que eu, tornou-se um grande lógico; o segundo, um autodidata originário do Texas, possuía uma rara inteligência dada a plasticidade de seu pensamento. Escrevia desde então maravilhosamente, o que fez dele um romancista interessante. Após o exame, fui conversar com meu orientador de estudos. Apresentei-me a ele, repleto da arrogância dos meus dezoito anos, e o informei do meu desejo de estudar ciências exatas. Ele me respondeu:

Escute, você teve ótimas notas, as quais, no entanto, nada significam. Vê-se à primeira vista que você aprendeu sua matemática de cor, mas seu trabalho não possui nenhuma centelha de profundidade. Lançar-se no estudo das ciências exatas redundaria para você, em preparar-se para um desastre.

Estamos em 1948-1949. Aquilo que um orientador de estudos entendia pela palavra ciências era a física nuclear que necessitava de uma abordagem aprofundada da matemática. Entre esses alunos se achava um futuro prêmio Nobel, o que determinava seus critérios de seleção. É sua esta frase terrível: "Ou bem se é um físico, ou bem se limpa lentilhas". Ele me propôs, portanto, o estudo da biologia, que não requeria um excelente nível em matemática. Eu estava no cúmulo do desespero, me achava um idiota, duvidava de meu valor e imaginava o fim do mundo. Com a morte na alma, decidi-me ir para a Universidade de Chicago. Nesse mundo de Chicago descobri a campanha eleitoral de Wallas que imediatamente me seduziu. Esse vice-presidente tentava fundar um partido de esquerda e mantinha seu quartel-general em Chicago. Eram, também, os anos do jazz, de Dizzy Gillespie, que tocava todas as noites, do pôquer em grande escala, do xadrez, ao qual me dedicava. Descobri o pôquer ao mesmo tempo em que Simone de Beauvoir, que se fazia acompanhar de seu amante Nelson Algren, autor de *O Homem do Braço de Ouro*. Optei, então, por um programa duplo compreendendo filosofia e letras, sem saber, na verdade, no que terminaria. Tive como professor Richard Mc Kiern, um aristotélico bastante conhecido na época, cujo ensinamento, muito próximo de Gilson e Maritain, permitiu-me começar a estudar Aristóteles e os escolásticos. Tive também como professor Allen Tate, célebre crítico e poeta. Embora eu conhecesse só de nome Leo Strauss para saber que ele dava um curso sobre a epistemologia e a justiça em Platão na Universidade de Chicago, Mc Kiern me desaconselhou a seguir suas aulas, dizendo que me faltava ainda senso crítico: segundo ele, eu não estava pronto. Porém, eu tinha grande curiosidade em saber o que fazia Leo Strauss, por isso decidi, a qualquer preço, participar de seu curso. Lembro-me ainda de uma tarde de setembro de 1948, quente e como que colorida pela estação outonal. Vi esse pequeno homem barbudo entrar na sala e me sentei contra a parede,

41

enquanto os estudantes que preparavam o doutorado ficavam agrupados ao redor de uma mesa. A primeira frase que ele enunciou foi: "Senhoras e senhores, jamais será pronunciado o nome de [...]", nome que não compreendi. É uma frase que guardei e que sei de cor. Ao final do seminário me aproximei de um estudante para lhe perguntar o nome do filósofo mencionado por Strauss; pegou meu caderno, não sem desdém, e escreveu o nome de Martin Heidegger. Essa simples frase de Strauss perturbou minha vida. Dirigi-me imediatamente à biblioteca a fim de ler Heidegger. Naturalmente, Leo Strauss, que era judeu, não se permitia pronunciar o nome de Martin Heidegger e não tinha nenhuma necessidade do Sr. Farias para saber que esse filósofo era um partidário do nazismo. É claro que não pude seguir esse seminário que era muito difícil para mim, mas soube que Strauss servia-se de Heidegger para estudar Platão, sem citá-lo uma única vez. Comecei a ler Heidegger sem compreendê-lo, porém isso foi maravilhoso, pois a sede de compreensão penetrou em mim para jamais me abandonar.

O senhor prosseguiu seus estudos em Chicago?

Não, obtive uma bolsa para ingressar em Harvard. Creio que esse foi um erro de minha parte, deveria ter permanecido em Chicago e aí feito meu doutorado, mas eu era muito esnobe. A experiência de Yale se renovou em Harvard que é talvez, pelos meios de que ela sempre dispôs, a primeira universidade do mundo, porém de um mundo de patrícios, cem vezes menos interessantes e menos humanos que o de Chicago. Ainda, uma vez mais, eu estava infeliz como um cão e disse a mim mesmo: "Tenho de sair daqui". Decidi então tentar o exame de ingresso para a Universidade de Oxford, na Inglaterra, exame que é extremamente difícil e ao qual se pode ter acesso somente sendo apresentado pela universidade em que o candidato conseguiu sua licenciatura. Ora, eu recebera uma resposta negativa do secretariado da Universidade de Chicago, ao qual fizera a solicitação. Além disso, era preciso ter troféus esportivos e eu não possuía nenhum dos títulos de nobreza nesse domínio. Não tinha, pois, nenhuma chance, quando muito possuía, a partir de então, a nacionalidade americana. Decidi, pois, escrever a Hutchins. Minha insolência o impressionou de tal modo que me deu seu aval para que pudesse transpor a soleira da universidade de meus sonhos. Passei nas provas do concurso que se encerrou com um teste sem equivalente na França, e que se parece com a escolha que fazem os ingleses dos seus oficiais e diplomatas: é o que eles chamam *the house party*. Durante três dias eu fiquei confinado em uma casa isolada, em que os examinadores que incitavam os candidatos, uns contra os outros – o que parecia muito a um rito medieval –, acordavam-me à noite para me propor questões de extrema dificuldade. Hoje, esse exame, que se modificou, está acessível às mulheres. Lembro-me, então, de ter sido despertado tarde da noite por um examinador que me disse ter de escolher entre um jovem oficial, primeiro da turma de West Point, e eu, para a atribuição de uma bolsa. Esse jovem, aliás, tornou-se um brilhante oficial, morto no Vietnã. Deram-nos cinco minutos para preparar a resposta a uma questão a respeito do processo de Sr. Alger Heath. O jovem oficial respondeu com muita honestidade que não podia discutir um caso *sub judice*. Quanto a mim, preparara uma análise desse processo que me surpreendera em um ponto: o fato de Heath procurar sem cessar proteger alguém me levou a emitir a hipótese segundo a qual a espiã só podia ser a própria mulher dele. Foi daí que o examinador me perguntou quais eram as modalidades éticas que, a meu ver, autorizavam Heath a proteger sua esposa. Seguiu-se uma discussão apaixonada que se prolongou pela noite. Às três horas da manhã, anunciaram-me que eu acabava de obter a bolsa para Oxford. Fui então para a Inglaterra, em outubro de 1950, quando esse país mal se refazia da guerra. O pão estava racionado, faltava aquecimento e esse período de austeridade é conhecido por ter sido mais penoso ainda do que os anos de guerra. Havia, porém, um tal clima de solidariedade que jamais encontrei em outros lugares, tamanha altivez, e tamanha decência como a que reinava então. Fiquei profundamente apaixonado pela Inglaterra.

Era a sua primeira viagem à Inglaterra?

Não, já havia estado lá com meus pais em 1939, para férias à beira-mar, mas, naquela época, eu não passava de um garoto. Mais tarde, em 1947, acompanhei minha mãe que ia a Paris e queria rever nosso apartamento, então ocupado por canadenses, e essa viagem me permitiu fazer uma breve escala em Londres.

3. OS ANOS DE OXFORD: *A MORTE DA TRAGÉDIA*

Quais foram os temas de seus trabalhos em Oxford?

Comecei a preparar minha tese de doutorado em literatura numa época em que, em Oxford, as letras eram suspeitas de ser uma invenção teuto-americana. Além disso, poucos ingleses se dedicavam às pesquisas em literatura. De fato, o título de doutor ressoaria mal entre os ingleses pois ele evocava o de *Herr Doktor Freud* ou *Herr Doktor Marx*, na verdade uma consonância típica da judeidade da Europa Central. Por outro lado, a disciplina denominada literatura comparada nada significava aos olhos deles: um pouco de grego e latim, um pouco de Shakespeare e Tolstói e eis o que entendiam por esse termo... Ela era mesmo considerada como uma pura invenção de Harvard! Apesar de tudo, porém, eu obtive autorização de trabalhar no tema que havia escolhido e foi assim que redigi o que, em seguida, foi publicado sob o título: *A Morte da Tragédia*. Minha defesa de tese, se não me engano, assemelhou-se à batalha de Waterloo. O júri passou três horas a formular críticas e reconheço hoje que seus argumentos eram, em sua maioria, fundamentados. A tese deles era a seguinte: "Ninguém o força a jogar *cricket*, mas, se você pretende fazê-lo, é necessário conhecer as regras". Ora, uma tese de doutorado engloba uma bibliografia exaustiva e erudita, notas preliminares e referências exatas. Eu não deveria ter me contentado com intenções impressionistas sobre a tragédia, porém, conhecer o valor da aprendizagem de um mister de uma *tekhnê* apoderando-me do problema com toda a precisão de que eu era capaz. E me devolveram aos meus preciosos estudos dizendo que eu seria, sem dúvida, célebre após a publicação de minha tese, porém, rogando-me, sempre me desejando boa sorte, que não mais pusesse os pés nessa universidade.

Quem foi seu orientador de tese?

Não quero nomeá-lo, pois, jamais leu uma só palavra da minha tese e hoje já é falecido. Falecidos também estão meus examinadores, que eram pessoas muito eruditas e grandes professores.

Voltemos à sua defesa de tese. Qual foi a sua reação em face das críticas severas de seus examinadores?

Eu me defendi como um leão argumentando que havia escrito algo que tinha, senão sua importância, ao menos futuro. E acrescentei que ninguém havia me explicado as regras do jogo. O júri me respondeu: "Não se faça de idiota, você deveria pegar uma tese, examiná-la e teria, então, compreendido que ela não é concebida como um livro".

Eu não tinha dinheiro e queria permanecer na Europa. Procurei, pois, trabalho e soube que a revista *The Economist* recrutava um novato para o setor de redação. Marquei uma entrevista com o diretor, um homem famoso, cujo temperamento oscilava entre a alegria de viver e o cinismo. Ele ficou bastante surpreso de encontrar-se diante de mim, pelo fato de eu ser de formação literária. Imediatamente adiantei que sabia pensar e escrever e que ele próprio havia publicado um artigo conhecido por seu lema, segundo o qual a economia política dependia em muita coisa da intuição, o que o divertiu. Deu-me uma semana para efetuar o resumo de três textos, um de Ricardo, um de Keynes e um outro de Marshall. Pus-me com afinco à tarefa por duas noites a fio e lhe remeti os textos ao final desses dois dias, em lugar de observar o espaço de uma semana, o que lhe agradou. Decidiu me contratar sem pagar salário. Eu não dispunha de escritório, mas de uma mesa de trabalho situada no corredor. Devia redigir artigos, porém só era pago por aqueles que agradassem ao editor; por isso, pedi emprestado dinheiro aos meus pais – esse subsídio durou oito semanas – e, ao cabo de três meses, eu era editorialista do *The Economist* e já vendia um certo número de artigos na qualidade de jornalista independente. Um dia, meu diretor chamou-me para dizer que eu lhe custava muito caro dessa forma e me propôs um contrato de três anos. É claro que eu teria preferido continuar a ser pago por artigo mas não tinha escolha. De fato, eu estava orgulhoso por trabalhar nessa publicação, em que me deparava com personalidades tão famosas como Isaac Deutscher. Ninguém assinava os artigos, eram anônimos, mas que estilo! Eu me sentia extremamente feliz em colaborar nesse jornal dirigido por um grande redator-chefe e por fazer parte de sua equipe de trabalho. Ainda hoje esse hebdomadário tem uma filosofia que lhe é própria. E eis que um belo dia, vejo entrar na sala de redação um professor de Oxford vestindo uma sobrecasaca de estilo quase vitoriano e arvorando um chapéu gigantesco. Apresentou-se a mim, declinou seu nome, professor House, e disse-me que, na qualidade de secretário da Faculdade de Inglês, era o editor de Coleridge e de Hopkins. Depois falou-me nesses termos: "O senhor responderá por um sim ou por um não às minhas perguntas sem fabular. Durante seus dois anos de estudos em Oxford houve alguém que viesse vê-lo ou explicar-lhe o que é uma tese?"; a isto respondi negativamente. Ele reiterou sua indagação: "Antes de submeter a exame *A Morte da Tragédia*, alguém veio adverti-lo de que esse gênero de tese é inadmissível em Oxford?" Ainda repliquei que não. Então ele encareceu:

> O senhor falhou totalmente com sua tese, mas fomos para com o senhor de uma desonestidade profissional completa. Eu tenho outros casos que se

apresentaram iguais ao seu. Ou nós recusamos, em Oxford, todos os estudantes americanos que preparam um doutorado, ou nós lhes ensinamos as regras do jogo. Porém, aceitar dinheiro deles e nada lhes ensinar resulta em imoralidade. O senhor está disposto a recomeçar comigo?

Nessa época de minha vida eu estava no albor de uma bela carreira de jornalista e a Faber & Faber ia publicar minha tese. Ora, não haveria mais questão, se eu quisesse, de apresentá-la em Oxford. Meu diretor me aconselhou, pois, a reelaborá-la durante meus dias livres. Sou-lhe grato pelo conselho. Para trabalhar em minha tese eu dispunha da quinta-feira à noite, do dia da sexta-feira e do fim de semana, e decidi, mui naturalmente, refazê-la por completo. Eu ia ver House em sua casa de campo, quando não era ele quem me visitava em Londres. Retomei tudo a partir do zero a fim de compreender verdadeiramente o que é uma tese, o que significa uma má leitura. Tomei como tema de estudo alguns textos de grandes poetas românticos como Wordsworth, Keats e alguns prosadores, entre eles, Hazlitt, que tentaram cada qual escrever para o teatro, mas que falharam. Esses escritores compuseram peças da pior qualidade, mas seus poemas eram de gênio. A questão que me coloquei era, portanto, saber qual seria a história desse insucesso teatral desses grandes românticos ingleses. Minha tese, que conta quinhentas páginas pode ser encontrada na biblioteca de Oxford, mas sua leitura é de fazer dormir em pé. É uma tese que segue o fio condutor de um Doutorado de Estado (*doctorat d'État*) francês: notas preliminares inclusas e bibliografia de uma trintena de páginas. Quanto a Humphrey House, morreu quarenta e oito horas depois de minha defesa de tese, fulminado por um enfarte. Por felicidade ele soube antes de sua morte que eu iria receber meu doutorado. Eu saí da sala em que se desenrolou a defesa de minha tese dizendo a meu melhor amigo que não queria mais ouvir falar desse diploma e que pretendia fazer carreira como editorialista na revista *The Economist*. O que foi um grande erro: eu aprendera, contra minha vontade, a jogar o *cricket*, aprendera como ler seriamente, como subtrair um problema particular de uma pesquisa científica. Além disso, o ensinamento que recebera dependia também da educação moral. Ninguém me forçava a permanecer em Oxford para terminar minha tese, mas House me havia ensinado também as regras do jogo, e isso de maneira sistemática: aprendi a escrever, contra a minha vontade, à maneira inversa dos editorialistas do *The Economist*. Compreendi o que eram a probidade e o anonimato da pesquisa científica. Nesse meio tempo, encontrei uma mulher que estudava em Harvard e trabalhava no Ministério de Relações Exteriores, na qualidade de historiadora da diplomacia. Começamos a viver juntos em Londres, no tempo em que cinco libras esterlinas representavam uma pequena fortuna. Toda semana, eu apresentava com Denis Healy – mais tarde secretário de Assuntos Estrangeiros – uma emissão da BBC denominada "Bonjour la France". Minha vida era ainda muito triste, mas eu tinha acesso a tudo. Viajava pelo continente, porque minha carreira no hebdomadário se apresentava de modo a não se querer melhor. Viajei para Princeton, nos Estados Unidos, a fim de entrevistar o Dr. Oppenheimer. Custei muito a obter esse encontro. A dureza e o cinismo eram traços virulentos de sua personalidade. Além do mais, era um homem que recebia muito pouco e quando entrei em seu escritório, após uma longa viagem de navio, ele de imediato me atacou, prevenindo-me que concederia apenas cinco minutos, devido ao pouco caso que fazia dos jornalistas. Eu, naturalmente, me protegi, solicitando que me concedesse mais tempo e lhe propus pergunta após pergunta a propósito da Comissão Internacional dos Direitos Atômicos. Suas respostas eram muito secas e muito diretas. Ao fim de nossa entrevista ele me convidou a almoçar sem ele, na cafeteria da Universidade. Agradeceu-me por ter vindo, ao passo que seu secretário me conduziu até a cafeteria para uma refeição ligeira, em que me aguardavam os professores Kénan, Panofsky, Kantorowicz que se comportaram comigo de maneira inversa a de Oppenheimer, com grande mostra de generosidade e com uma curiosidade não menor sobre o meu trabalho na revista, pois era um momento em que os motins comunistas se desenrolavam em Paris, motins que visavam essencialmente a OTAN e a presença dos americanos na França. Depois do almoço, o secretário de Oppenheimer me conduziu ao encontro do professor Harold Cherniss, célebre estudioso de Platão. Entrei em seu escritório, que era bastante luxuoso, e Cherniss pediu-me para confirmar-lhe se eu estudara grego. "Veja, eu tenho um problema, confiou-me ele, estou diante de um manuscrito em que há passagens de Platão e palavras que faltam". Nisso, Oppenheimer entrou, abrindo a porta e se colocando atrás de nós. Era um de seus estratagemas favoritos: ao sentar-se atrás de nós, sua posição lhe dava um perfeito domínio da situação. Comecei a dialogar com Cherniss quando, de repente, ouvi aquela voz inesquecível perguntar, sem se dirigir a nenhum interlocutor, se o que estávamos começando a fazer não era um pouco estúpido. "O que há de importante na poesia e na filosofia são as partes em branco". Esse fato se passou muito tempo antes que Derrida escrevesse seus livros. Rapidamente respondi que acreditava vir de Mallarmé essa influência. Eu estava em cima da hora e queria tomar meu trem, de modo que apressadamente afirmei: "Desculpem-me, mas isso denota à arrogância. Nesse caso, por que existem os livros?" E Oppenheimer sublinhou que eu acabava de colocar uma questão quase inteligente e que estava convencido de que os livros eram necessários, pois a *Bhagavad-Gita* era a voz viva de Deus. Depois, acrescentou que minha questão não constituía uma refutação da sua, concitando-me, ao mesmo tempo, a refletir sobre o que eu acabava de dizer. Bem depressa, travou-se uma discussão bastante interessante em meio à qual eu disse: "I have nothing to lose" (Eu não tenho nada a perder), visto que não precisava dele: tinha um cargo sonhado em Londres, e *Tolstói ou Dostoiévski*, três quartos do qual já escritos. Oppenheimer, então, foi tomado de uma cólera terrível. Entrementes, tendo chegado o táxi, eu preparava os meus agradecimentos por aquela amável recepção, quando Oppenheimer me perguntou se eu era casado, ao que respondi: "Bem recentemente". E ele exclamou: "Ah, sem filhos? Isso vai facilitar a questão do alojamento". Foi assim que fui escolhido como humanista no Instituto de Princeton. Jamais esquecerei essa frase de Oppenheimer. Com certeza deveria ter-lhe respondido que estava infinitamente lisonjeado, mas que isso mereceria algumas semanas de reflexão, porém não fiz nada disso. Foi somente em Washington que voltei totalmente a mim. Aos meus olhos esse instituto era lendário por ter abrigado Einstein e ter sido construído por von Neumann. Quando contei a Crowd o que se passara, ele me disse para tomar cuidado e pressagiou a grande carreira que me esperava em Londres; além disso, não escrevia eu os meus livros da forma que me convinha? Tinha eu realmente o desejo de entrar para o mundo acadêmico? Mas eu não tinha mais escolha, era como qualquer um perdido de admiração por Oppenheimer e assombrado por este cruel jogo de gato e rato. Eu teria adorado que, por uma única vez, ele me achasse inteligente. Isso tornou-se uma obsessão. Para Oppenheimer todo mundo era besta porquanto diziam que ele possui o cérebro mais poderoso da humanidade desde Leibnitz. De fato, ele compreendia a física, a filosofia indiana, a poesia grega e as literaturas modernas, todas ao mesmo tempo. Se apenas pudesse, por um instante que fosse, qualificar meu trabalho de satisfatório! Fomos, pois, instalar-nos em Princeton e me concederam alguns privilégios. Um envelope especial, feito de um papel que parecia uma esponja, fora concebido para a remessa dos cheques mensais, a fim de que não houvesse nenhum ruído quando enfiado sob a porta, como se não se devesse, em caso algum, perturbar os pensadores imortais.

Esse detalhe me assombra ainda hoje. Àquela época de minha vida, eu terminara *Tolstói ou Dostoiévski* e retomara *A Morte da Tragédia*, que tinha agora o direito de publicar. Esses dois livros são o resultado de minha experiência em Princeton. Tive dois filhos, um menino e uma menina. Mas, e a Europa? Se bem que passara anos riquíssimos em Princeton, eu não fora feito para a América. Minha mãe o sabia. As línguas que eu amava, a Inglaterra, a França, os Alpes e a Itália me faziam uma falta terrível.

Mas o senhor deu aulas em Princeton?

Não, ninguém tinha o direito de ensinar. Aquilo se parecia um pouco ao Collège de France ou mais exatamente ao CNRS, sem que se pudesse ministrar cursos. Atualmente, o ensino é autorizado, mas o que se faz ali é essencialmente a pesquisa.

Qual foi a sua experiência com o macarthismo?

51

Pessoalmente, nunca fui tocado. Eu era apolítico. Durante esse período queria me tornar um mestre em filosofia. Porém, tinha grande desejo de voltar a viver na Europa. Quando fundaram o Churchill College, Oppenheimer foi solicitado a tornar-se um de seus administradores, porque o primeiro titular dessa escola seria John Cockcroft, professor que recebera o prêmio Nobel. Ademais, a organização era tal que as matérias científicas representavam sessenta porcento do ensino para, apenas, quarenta porcento atribuídas às letras; procurava-se, pois, para esse primeiro cargo de diretor das letras alguém que tivesse feito ciências durante sua carreira e a lista destes, no Ocidente, não era muito longa. Cockcroft escreveu uma carta a Oppenheimer para saber se ele conhecia alguém a quem esse posto pudesse interessar. Meu venerado mestre veio até meu escritório para me perguntar se eu gostaria de retornar à Europa. Aproveitei o ensejo para lhe assinalar que estava pronto a ir naquele mesmo minuto, enquanto meu interlocutor moderava minha impaciência dizendo-me que isso, talvez, não seria necessário. Ao encontrar Cockcroft, ele me preveniu de que o Churchill College era mais modesto do que o Instituto de Princeton, porém, minha mulher que era americana e que poderia ter recusado, sabia que isso me faria feliz. Não tive outro pesar deixando a América exceto o de não ter jamais podido compreender esse país. Por outro lado, estava muito feliz em ir para Cambridge. Àquela época não havia nada, a não ser buracos no relvado. Estreei em Cambridge em 1962, como diretor de estudos em literatura, e aqueles foram os melhores anos de minha vida. O sistema de Cambridge é bem melhor que o de Oxford, onde se deve ensinar em uma universidade desde que se receba o título de *fellow* de uma faculdade. Em Cambridge tem-se a escolha: é possível ser *fellow* sem o dever de ensinar; é a própria faculdade que distingue os *fellows*. Embora eu seja a vítima desse sistema, eu o julgo excelente. Pediram-me para ministrar um curso tão logo fui contratado como professor. Eu poderia tratar de um tema como "Alexander Pope e os jardins do século XVIII" ou "Keats". Poderia igualmente me utilizar da tese que havia feito em Oxford, porém meu curso versava sobre "Marx, Freud, Lévi-Strauss e o Poema", havia mais de seiscentos estudantes querendo participar de minha primeira aula enquanto, em Cambridge, a regra geral é de vinte estudantes por curso. Para melhor testemunhar a seriedade deste, não se deveria ultrapassar os dez estudantes quando da segunda conferência e não admitir senão cinco na terceira, o número de dez era por demais elevado. Ora, na minha segunda conferência havia mil pessoas. A razão era simples: esses assuntos nunca haviam sido tratados em Cambridge e, por isso, o entusiasmo desses jovens era considerável quando eu tratava do *Coriolano*, de Shakespeare, trabalhado por Brecht, ou quando dei um curso sobre a estrutura do romance vitoriano a partir das estruturas elementares do parentesco, tentando daí determinar o aspecto familial de acordo com o esquema de Lévi-Strauss. Tudo isso provém do fato de eu ser hegeliano, *malgré moi*, pois penso sempre que o adversário tem razão. Em um de meus cursos, um homem levantou-se e saiu da sala. Ele havia sido prisioneiro dos japoneses na Birmânia. Abandonando meu curso, disse a um de meus colegas que ele não precisava daquele pequeno Sr. Steiner para lhe falar sobre Auschwitz, pois, segundo ele, eu estava bem aquecido em minha cama, junto aos meus pais, quando os japoneses o torturavam na Birmânia. Compreendo, por certo, qual era o ressentimento daquele homem. Evidentemente, existiam naquela época especialistas de Shakespeare que não sabiam que Brecht havia escrito um *Coriolano*; não tinham necessidade de sabê-lo, porquanto um Laurence Olivier interpretando Shakespeare lhes era amplamente suficiente. Não tinham igualmente necessidade de um judeu vindo de Viena, de Paris e de Princeton para lhes proporcionar dados exatos sobre a obra desse grande dramaturgo. Havia, de minha parte, uma espécie de indelicadeza em relação a eles se eu me colocar em seus próprios pontos de vista. Se tivessem criado em Harvard uma faculdade denominada John Kennedy e seu primeiro *fellow* em literatura americana fosse um judeu inglês, originário de Praga, teriam surgido enormes problemas. Vou me fazer de advogado do diabo: qual é a diferença com a Inglaterra? Nos Estados Unidos, os americanos teriam dito: "É um grosso mas vamos juntos nisso", verificando, três anos depois, o entusiasmo de meus alunos, o sucesso crescente dos meus artigos e o de *A Morte da Tragédia* que se tornara, além de um livro de referência, uma matéria que se utilizava para interrogar os alunos. Toda a diferença é que os americanos teriam combinado apertar as mãos, um ao outro, esquecendo essa briga. Os ingleses, porém, nada perdoam, o que é responsável ao mesmo tempo pela força e pela fraqueza do país. A América entra em acordo, ao fim de contas, com seu adversário e aumenta assim sua própria força, seguindo o lema: "Se você não pode vencê-los, junte-se a eles". Minha situação na Inglaterra se agravou. Cada vez mais estudantes de doutorado queriam que eu fosse seu orientador de tese, porém eu não tinha essa qualificação, a não ser o de examiná-los. Um responsável veio então ter comigo a fim de me propor um salário de professor proveniente dos fundos da faculdade para que eu desse cursos em um anfiteatro. Depois de refletir por três semanas, recusei a proposta porque julgava que outro crítico, que era infinitamente superior a mim, merecia-o muito mais. Ele havia recusado qualquer cargo só ensinando em sua faculdade. Em cada exame, os alunos eram vítimas desse verdadeiro gueto. A situação era falsa, nascida do *audium theologicum* caro a certos crentes vitorianos. Eram os estudantes que pagavam as despesas. Daí porque, a partir desse momento, procurei outro emprego alhures. Eu estava desesperado, pois eu mesmo, fora um dos fundadores dessa faculdade. Escrevi o livro intitulado *Depois de Babel* dentro dessa solidão e desespero profundos, que me custou seis anos de labuta. Em seguida recebi duas ofertas de cadeira de literatura comparada de universidades americanas que não nomearei aqui, preferindo jogar o véu da discrição sobre elas. Tomei o avião para Nova York em um momento em que meu pai estava doente. Encontramo-nos em sua mesa favorita do Plaza. Quando lhe pedi seu conselho sobre o problema que me importunava, olhou-me nos olhos e me predisse que se eu deixasse a Europa, não privaria Hitler de nenhuma vitória. Ele pretendia por isso que Hitler havia jurado fazer desaparecer da Europa todos os judeus e todas as pessoas que não deviam, segundo ele, ali viver. Tudo o que eu posso dizer é que nesse exato momento eu teria preferido ser um carvoeiro do que suportar o desdém de meu pai. Esse comentário me feria no mais profundo de meu ser. Interiormente, eu sabia que não poderia mais me olhar de frente se me deixasse expulsar da Europa sem que interviessem nem a Gestapo nem os nazistas. Decidi pois nada fazer. Voltei para casa e disse à minha esposa que iria procurar qualquer outra coisa. Como sempre, ela me apoiou. Quando fui convidado a dar uma série de conferências em uma universidade californiana, souberam, não sei como, que eu desejava obter um cargo na Europa. Um dia, quando estava para iniciar o trabalho na Califórnia, o telefone tocou. Do outro lado do fio, um responsável da Universidade de Genebra me comunicou que havia um cargo de literatura geral a ser preenchido. Essa cátedra instituída por Sismondi, quando se encontrava exilado em Genebra, ficara abandonada durante cinqüenta anos, e seus organizadores queriam que eu reatasse o fio. Reencontramo-nos tão logo retornei à Europa e assim fui nomeado, sem passar por concurso, graças a meu título de doutor que se tornara, de uma só penada, uma coisa tão importante que me fez rir à socapa, pois durante anos eu não quisera ouvir falar dele até que afinal se revelava útil. Comecei a lecionar em Genebra em 1974. Com a ajuda da generosidade suíça adotou-se uma fórmula para que eu pudesse dar cursos de outubro até a Páscoa, e levar uma vida de pesquisador independente da Páscoa até julho. Essa vida dupla permitiu-me passar o outono e o inverno em Genebra e a primavera e o verão em Cambridge. A cada primavera, ia para os Estados Unidos, pois, desde o final do ano de 1966, eu fora escolhido sucessor de Edmund Wilson, como crítico nova-iorquino, para a *New Yorker Review of Books*, e proferia então conferências nas universidades americanas. Foi esse meu ritmo de vida. Dou aulas em Genebra em francês, mas também em alemão, em inglês e em italiano. Em Cambridge, podia gozar cinco meses de liberdade em uma faculdade que gostava e consagrava o resto de meu tempo à pesquisa. Evidentemente os representantes de Cambridge jamais reconsideraram o problema que tive com eles e o epitáfio, por mais triste que seja, é que os jornais ingleses lançaram uma polêmica sobre a ausência da cadeira de literatura comparada, tanto em Oxford como em Cambridge. O artigo afirmava que se eu me apresentasse ao concurso ninguém ousaria colocar sua candidatura contra a minha. Que fariam então essas duas universidades? Havia ali a intenção de elogio mas eu achei esse artigo de uma tristeza profunda. Provavelmente se eu apresentasse minha candidatura, meus colegas, seja por cortesia seja por reticência, não participariam do concurso preliminar e seriam forçados a me eleger, visto que, tendo participado na origem do ensino da literatura comparada neste país, acabei sendo um símbolo. Um sentimento de tristeza me invade quando penso nessa polêmica dela, porém, não guardo nenhum ressentimento. Cometi graves erros, mais ainda quando escrevi *A Cultura Contra o Homem*. É possível que o estabelecimento inglês tenha me estendido um ramo de oliveira me convidando para dar conferências em memória de T. S. Eliot. Eu teria podido anunciar um curso versando sobre Shakespeare e T. S. Eliot, mas *A Cultura Contra o Homem* é um livro profundamente contra Eliot e chego mesmo a dizer que seu anti-semitismo profundo não é um acidente marginal mas que está no centro de sua poesia. É necessário compreender qual é a teoria da cultura que implica numa ambigüidade tão radical como a sua. Esse livro, que está em sua duodécima edição, leva agora o título de *No Castelo do Barba-Azul* e é, talvez, uma das coisas das quais eu mais me orgulho. Porém, escrever essa obra era de novo insultar aqueles que tentavam esboçar um compromisso. Se eu fizesse um curso sobre Eliot, em boa e devida forma, Cambridge e Oxford teriam sentido as repercussões e essa falsa situação teria se prolongado.

Por que escreveu esse livro, quando o senhor sabia que seus inimigos de Cambridge e Oxford iriam escolhê-lo para alvo?

Eu tinha que escrever esse pequeno livro. Não tinha escolha. Não conviria ter escrito naquela ocasião, mas não senti nenhum temor, sabendo que os gênios da história intelectual viram recusados seu acesso às universidades. Por exemplo, tomemos o caso de Arnold Schoenberg que nunca obteve uma bolsa na Califórnia, apesar de ser muito pobre, porque sua música não parecia merecer que lhe dessem uma base material. Ouço sempre as palavras que foram pronunciadas por meu pai em Paris, naquela noite de tumulto: "Meu pequeno, isto é a História". E, depois, creio ser um privilegiado por ensinar assim, em Genebra, tendo por colegas Jean Starobinski e Georges Nivat. Ponto de encontro das culturas européias, Genebra é um lugar de sonho para o ensino da literatura comparada. É o destino que, com muito humor e muita gentileza, arranja as coisas do melhor jeito.

Há alguma razão de o senhor não ter ido se instalar na Alemanha?

Não, não conhecia a Alemanha. Fui pela primeira vez, em 1952, em visita à Bayreuth e Munique. Depois disso, retornei com bastante freqüência para dar conferências. É a Áustria que me coloca os problemas mais acerbos. Na Alemanha eu posso falar abertamente do Holocausto ou de literatura e de filosofia. Nesse momento em que conversamos, acabo exatamente de regressar de uma manifestação organizada para o centenário de Heidegger, porém não tenho os mesmos sentimentos em relação à Áustria. Incontestavelmente é o país de Waldheim e o de Hitler. Na Áustria sinto um arrepio na espinha, mesmo sendo Viena a cidade em que meus pais se conheceram. Tenho ali pouquíssimos contatos enquanto os tenho, sempre, na Alemanha. Todos os meus romances foram traduzidos ao alemão, ainda que eu não permita, por razões evidentes, que traduzam meus ensaios em alemão. Aguardo, apesar de tudo, o aparecimento de *Presenças Reais*, em alemão. Devo dizer que os acontecimentos que se desenrolam na Alemanha me apaixonam; não senti o mesmo choque praticamente físico como aquele que senti na Áustria.

Isto dito, entre os três idiomas de sua infância, o senhor escolheu o inglês como idioma de trabalho.

Escrevi também um certo número de artigos em francês e em alemão. Atualmente tento escrever em italiano. Mas o inglês é a língua mundial, quer dizer que tudo que produzo pode ser traduzido do inglês, o que não é o caso do francês. Era isso que meu pai queria, ele desejava que eu pudesse ter acesso a tudo e que todo o mundo pudesse acessar facilmente o meu trabalho. Meus livros estão traduzidos em doze línguas diferentes, o que provém do fato de tê-los escrito em inglês, mas trabalho termo a termo com meus tradutores franceses, alemães ou italianos. Isso quer dizer que meus livros são praticamente refeitos, porém, depois de alguns anos, escrevo muitos artigos e narrativas em francês.

O senhor se sente mais inglês do que francês ou alemão?

Sinto-me acima de tudo europeu. Sou natural da Europa central, de um mundo reduzido a cinzas que começa agora a renascer de modo espasmódico. Sinto-me um judeu europeu que oscila em um quadrilátero definido por Leningrado e Odessa de um lado, Paris e Milão de outro e Frankfurt com Praga e Viena ao centro. É a grande pátria de Benjamin, Adorno, de Ernst Bloch, de Freud e de Lukács. Uma nação espiritual, um mundo interior.

4. COMO SE PODE SER JUDEU EM NOSSOS DIAS?

Que papel desempenhou o judaísmo em sua vida? O senhor recebeu uma educação judaica?

Meu pai amava o Deus de Voltaire mas não o dizia. Minha mãe, como muitas mulheres vienenses, era infinitamente bela e irradiava aquele espírito tipicamente de Viena. Eu creio saber que ela tinha o sentimento de que o Bom Deus existia e que era preciso permanecer em bons termos com ele. Entretanto, ela não observava os ritos. Portanto, nunca recebi educação religiosa "formal" até o momento da minha *bar-mitzvá*, isto é, da iniciação de um jovem judeu quando ingressa na comunidade. Então aprendi um pouco de hebraico mas não continuei a estudá-lo, visto que devia aprender o grego e o latim. Tenho vergonha, hoje em dia, de ter esquecido o pouco do hebraico que aprendi e penso que vou me dedicar a ele, tão logo me aposente, porque vou com freqüência a Israel e meus trabalhos se voltam cada vez mais para o mundo do Antigo Testamento, para a metafísica religiosa. Portanto, não conhecer essa língua me desgosta continuamente. Tive Scholem como amigo. O universo de Walter Benjamin, de Adorno e de Bloch, que é o do pós-messianismo, é também o meu, com a pequena diferença que eu me inclino lentamente para uma religião mais formal. Se em Jerusalém, centro da ortodoxia judaica, alguém me cuspir na cara dizendo-me que eu sequer sou judeu porque não sei nem rezar em hebraico, eu responderei àquele que me insulta que do seu ponto de vista a coisa pode parecer exata. O que é interessante é que meus pais me deram o tempo e a história como identidade religiosa. Eu sou judeu até minhas vinculações as mais profundas, porém pela história, pelo sofrimento e pelo destino de meu povo. É inconcebível para mim não ser judeu. Os casamentos mistos não colocam a meu ver nenhum problema teológico, nem mesmo ético, mas um problema histórico. Tenho a impressão que esse povo que há cinco mil anos sobrevive às provações que lhe infligiram, que teve uma cidade em Jericó 3 000 anos a.C., que tem por capital Jerusalém, é um povo único porque sobreviveu à *Schoá* como se ele tivesse ali uma finalidade. É um ponto de vista místico que nem o pragmatismo nem a lógica podem me ajudar a defender. Os gregos, os latinos e os sumérios não eram em nada menos dotados do que nós, porém todos desapareceram enquanto que os judeus estão presentes e dominam a modernidade intelectual. Eu censuro Simone Weil por ter abandonado um clã que é inconcebível abandonar no século de Auschwitz, pois o judaísmo é um clã do qual a pessoa não pode se demitir. O casamento misto é um passo para a abolição do mistério da sobrevivência. Meu ponto de vista não é racional, ele resulta da ordem do instinto. Minha casa é profundamente ancorada no judaísmo sem que lá haja religiosidade. Minha biblioteca e minha mesa de trabalho têm igualmente as formas de sinagoga.

O senhor é crente?

Recuso-me a lhe responder antes do final de nossas entrevistas, antes de termos conversado sobre *Presenças Reais*, mas posso desde já lhe dizer que não recebi educação religiosa. Eu comemoro, é claro, o dia da morte de meus pais, dia sagrado para cada judeu, e celebro as grandes festas judaicas, por conivência com o tempo e a História, pois meu passaporte não é válido no espaço, mas no tempo. Eu atravesso as fronteiras tendo por visto o imemorial.

Mas o que quer dizer, segundo o seu ponto de vista, ser judeu hoje em dia?

É primeiramente estar de malas prontas. Em uma escala, por mais ínfima que seja, essa marginalização que as universidades, durante muito tempo, praticaram em relação a mim, os meus deslocamentos pelo mundo não são acidentes, mas fazem parte de minha própria condição. O destino de meus filhos poderia ser posto em causa porque nada lhes garante serem aceitos pelos outros. É também sentir que a tensão entre Israel e a diáspora judaica é meu pão cotidiano, pois eu sou anti-sionista. Pode parecer arrogância pensar que o judeu é aquele que lê um livro com um lápis na mão, mas é uma de minhas definições. É também aquele que corrige os erros mesmo ao ler um jornal. É alguém que se chame Chomsky, Derrida, Wittgenstein ou Roman Jakobson, para quem o Deus que criou o universo, sua palavra e o Holocausto são coisas claras e evidentes que não podem ser senão judias. É também alguém para quem o fato de seus filhos e netos estarem em uma universidade é uma coisa maravilhosa. A religião judaica é a única para a qual o sábio é uma bênção.

Então, não se pode ser um gênio sem ser judeu?

Eu não falo em termos de gênio, porém designo uma sede incessante de conhecimento, de transcendência e de pensamento puro. Creio que o judeu é aquele que, até na soleira de uma câmara de gás, ainda corrija um texto. Os rabinos o fizeram. Corrigir um texto é interpelar Deus dizendo-Lhe que se é fiel a esse câncer do pensamento, a essa patologia do absoluto que Ele colocou em nós, sem que saibamos por que, é dizer-Lhe o que isso nos custou. É compreender por que Simone Weil, na manhã de 10 de junho de 1940, quando a Wehrmacht entrava em Paris escreveu em seu diário: "Que dia memorável para a Indochina". É ter dentro de si o vírus de uma justiça absoluta e a loucura da ilusão. Pense nessa frase. É imperdoável e isso não foi feito para ser perdoado. Talvez Kierkegaard, este curioso judeu dinamarquês que não era judeu, tê-la-ia escrito. Eu não vejo nenhum outro que pudesse escrevê-la. É não poder mover-se em um quarto por causa de discos e de livros que o atravancam. É nada compreender com respeito a certas ambições humanas, seculares ao materialismo. É saber que se um pai diz a seu filho que Hitler pode ganhar em um caso preciso, este pai tem direitos espirituais sobre seu filho, direitos absolutos. Eu estava presente, há pouco tempo, em um colóquio em que se debatia as *Presenças Reais*. Esse colóquio reunia um grande número de teólogos e entre os membros do auditório encontrava-se uma feminista muçulmana que gritou na sala que eu era um falocrata, logocêntrico e paternalista, que usava do argumento de autoridade em cada um de meus livros. Eu refleti, porém nada respondi, porque suas palavras eram justas. Como pode alguém ser professor sem possuir todos esses atributos? O ensino é por essência um ato de autoridade e a relação de Deus para com seu povo se manifestou na história como uma forma de seminário. Eu tenho a convicção profunda de que somente um judeu podia escrever o discurso de Hitler em *O Transporte de A. H.*

É preciso talvez acrescentar que o povo judeu é o único povo que passa do princípio da autoridade ao do antiautoritarismo.

Essa dialética é a da Escola de Frankfurt. É uma dialética da negatividade. A Escritura Sagrada nos diz: "É terrível cair nas mãos de um Deus vivo". Essa frase, muito discutida, é infinitamente profunda. De minha parte, começo a compreender que é mais terrível ainda cair nas mãos de um Deus morto. Essa é também uma das definições que eu faço do judaísmo.

5. A EXPERIÊNCIA DA *SCHOÁ*

O que o senhor diz me faz pensar na seguinte frase de Linguagem e Silêncio: *"Os judeus são um povo sobre o qual a barbárie de todo totalitarismo é obrigada a verter seu ódio". Em que os judeus são diferentes dos outros povos para serem sempre as vítimas das barbáries?*

Há três formas de chantagem que são exercidas contra a humanidade: o monoteísmo cujo Deus é abstrato tanto quanto possível, o cristianismo do Sermão da Montanha e o marxismo. Três vezes, uma após a outra, o homem bradou para a humanidade: "Desperte, viva uma vida de asceta, seja melhor". Essa tripla chantagem foi cometida em nome de um ideal de exigência enunciado por um autor muito cruel, tão duro quanto o céu do deserto. O islão místico, proveniente do judaísmo, também faz parte disso. E a humanidade está farta desta chantagem. Existe uma palavra alemã que não se pode traduzir nem para o francês nem para o inglês, *judenmüde*, cuja tradução literal é "estar fatigado dos judeus". O mundo quer dormir em paz, ainda que se desenhe a sombra de uma terceira guerra mundial provocada pelo Estado de Israel. Cada vez que o mundo quer se encontrar em seu estábulo para se chafurdar em seu politeísmo pagão, instintual e permissivo, essa gentinha, como Amós, brada nas orelhas pedindo-lhe que desperte uma vez mais para tornar-se melhor. A humanidade ainda não é humana: por isso, nós odiamos para além de todo ódio, aquele que nos pede alguma coisa que sabemos ser justa, mas que recusamos fazer. Não podemos nos conter diante da tristeza que brota em nós quando alguém exige que ergamos a mão mais do que podemos. É, portanto, espantoso que haja ainda um único judeu vivo sobre a terra, judeu que o bárbaro olha como um animal estranho, um animal que ama o livro, o pensamento, a ética, que durante dois mil anos não torturou ninguém, amadurecido pela fraqueza, que não perseguiu ninguém. Cada *pogrom* permitiu a esse povo judeu reestruturar a cultura moderna inteira, pela emancipação dos guetos, como se a coisa pudesse se tornar menos inquietante; e eis Freud que suspende o mistério de nossas noites, enquanto guardamos a esperança que ele nos liberte de nossos sonhos. Mas o homem bate às portas do sonho e o comenta ao passo que é terrível perder a inocência da noite. O judeu faz o papel do punhal cravado na garganta da humanidade. Todos os habitantes da União Soviética querem deixar esse país mas os russos deixam partirem os judeus, à semelhança do resto do mundo. Quem é o judeu para ser um reproche vivo aos olhos da humanidade?

O senhor acha que a humanidade se sente culpada em relação à Schoá?

Certamente. O caso Dreyfus é tão complexo quanto o processo de Sócrates. Todos os dois destruíram a política. Sempre me perguntei por que Sócrates não era judeu. Pede-se a Sócrates que fuja da prisão para que não sejam obrigados a envenená-lo e ele responde que lá permanecerá para se envenenar, contra a vontade dos carcereiros. Isso se parece tanto a uma história kafkiana que se sente um arrepio na espinha.

O senhor cita uma frase de Kafka em Linguagem e Silêncio: *"Aquele que fere um judeu lança a humanidade por terra". A* Schoá *seria então uma experiência cujas ressonâncias ultrapassariam o povo judeu?*

Absolutamente. O carrasco tortura sua vítima e se condena assim a ser uma eterna vítima. Nós mostramos ao homem uma imagem dele mesmo que lhe é insuportável. O essencial é ainda menos essencial do que parecia. Eu não partilho da posição de meu amigo Élie Wiesel e de certos místicos judeus para quem a morte do judeu é sem paralelo com as outras violências, como aquela de Pol Pot que enterra vivas milhões de pessoas ou aquela que conduz aos massacres generalizados. A *Schoá* permanece para mim um caso extremo na gama dos horrores e do desumano, mas eu não faço parte daqueles ultras que vêem aí uma fenda com o resto da História, há uma continuidade.

Para Primo Levi, por exemplo, o Holocausto permanece uma coisa única na história da humanidade, tanto por sua crueldade quanto pela técnica das violências utilizadas.

E Primo Levi de se matar em seguida. E Paul Celan de se matar. Certas vítimas de Auschwitz tentam dominar essa experiência pela razão sem o conseguir. Respeito profundamente esses esforços de racionalização e de imbricação no possível da História, mas não fico convencido por essa razão.

O último deles foi Bruno Bettelheim.

Eu conheci bem esse homem com quem participei de um debate televisionado cujo tema tratava dos campos de concentração. Ele se sentia muito só sem sua mulher e, além disso, sofria do mal de Alzheimer. Com toda lucidez, não queria se tornar um fardo. Seu caso sobressai na medicina, era um grande médico que escolheu partir por livre vontade.

Há também o caso de Viktor Frankl.

Eles sobreviveram aos campos de trânsito que não eram nem Auschwitz, nem Dachau nem Bergen-Belsen. Viktor Frankl, por sua vez, sobreviveu ao início de seu encarceramento em Dachau. Élie Wiesel poderia contestar isso dizendo que há um corte entre um prisioneiro de Dachau e um outro proveniente de Buchenwald.

Portanto, é impossível racionalizar a Schoá?

Eu tenho escrito que a *Schoá* é a vingança extrema contra aqueles que criaram Deus. É uma tentativa bem-sucedida de estabelecer o inferno na terra e de abolir os valores da transcendência do bem e do mal, conseqüência inelutável das teorias da morte de Deus. Dostoiévski e Nietzsche já sabiam que sua filosofia concordaria nesse sentido. A taylorização das linhas de montagem das fábricas demonstrou aquilo que era previsível. Aos meus olhos confirmaram-se os vaticínios de Sade quando descreveu, em *Os Cento e Vinte Dias de Sodoma*, a industrialização da tortura assim como a retaliação do corpo humano, do mesmo modo que o gigantesco programa de transformação das fábricas levou a utilização do corpo humano como objeto de manufatura. Hitler quis morrer com o Reich exatamente quando lhe pediram comboios e seis meses de prazo para evitar que o exército fosse aniquilado. Há aí um elemento que foge a toda razão, que pertence a outra lógica, que decorre do mal absoluto, do demoníaco, não é o irracional mas o anti-razoável, se assim podemos dizer. Isso faz pensar na física em que se opõem matéria e antimatéria, o universo e o nada. São imagens que me ajudam a pensar nesse inacessível cujo pesado fardo suportamos. Consagrei toda minha obra, a tal ponto que a ela associam meu nome, à questão: como racionalizar a *Schoá*? Como podemos tocar Schubert à noite, ler Rilke de manhã e torturar ao meio-dia? É igualmente uma questão à qual não posso responder, mas que tomei como base de numerosas análises. Arthur Koestler, que era um amigo e um homem que admiro muitíssimo, tinha a certeza de ter a resposta que teorizava o desenvolvimento do cérebro moral e a bestialidade de um anticérebro primitivo. Não posso julgar a questão porque não sou biólogo, porém Koestler estava convencido de que a única resposta possível vinha da ausência de relação entre nossos dois córtex. Quando escrevi *Linguagem e Silêncio* e uma novela sobre o período nazista fiquei atormentado pelas reações que poderia suscitar: como a pessoa se comporta, caso a Gestapo bata à sua porta, o que é ser torturado? Como reagir em face dessa obscenidade extrema que é a tortura? Nada se pode dizer, a não ser que a gente tenha certeza de seus atos. De Cambridge, três pessoas foram lançadas em pára-quedas na Europa, pelos serviços secretos ingleses durante a Segunda Guerra Mundial e elas não falaram nem sob a pressão da tortura dos alemães. Embora tivessem o direito de criticar a conduta de outrem, nada dizem, são os mais modestos dentre nós. Encontrei na China eruditos que tiveram Sartre como professor e que foram aprisionados em jaulas durante a revolução cultural. Quando pediram ajuda a este "grande homem", que passava por ser o Voltaire do século XX, Sartre deu conferências para explicar que os americanos mentiam sobre as violências infligidas durante este período da História. Por isso eu gostaria que não se relatasse nada a respeito de Heidegger, de Eliade e de Paul de Man, que conheci bem. Todas essas coisas em vão têm um ar bastante mórbido, eu não saberia como o pequeno Sr. Steiner se comportaria se fosse submetido a uma pressão muito forte. Minha posição é confusa: eu sou um intelectual que não tem nenhum treinamento que me permita enfrentar a violência. Tenho um traço de caráter infantil, uma paixão pela segunda cadela que tive em minha vida, um pastor inglês. Ela tem três anos, a primeira nos deixou com a idade de 16 anos. Se alguma vez a polícia política entrasse em minha casa e batesse em minha cadela, em vez de bater em mim, eu sofreria os golpes em seu lugar me entregando ao cabo de cinco segundos, e o senhor pode sublinhar isso com um traço vermelho. Falo sem saber, mas só essa hipótese me dá náusea. Se batessem, debaixo de meus olhos, em minha mulher e em meus filhos, eu lhes diria que resistissem, e eles o compreenderiam sem dúvida. Minha cadela, porém, ela não pode compreender. Eu não tenho mais a surda confiança e o arroubo impetuoso que presidiram a elaboração de *Linguagem e Silêncio*, daí por que foram a esquizofrenia e a duplicação de personalidade que me levaram a escrever meu romance. Não posso senão repetir e sublinhar que não sei e que invejo os homens e mulheres que sabem. Arthur Koestler zombava perdidamente das pessoas que o consideravam um dos homens mais célebres do século XX. O mais importante para ele era ter sido capaz de resistir, quando feito prisioneiro em Málaga, estava certo de que iam fuzilá-lo. Estava certo disso. Quando me contou o fato, não pude impedir-me de achar essa experiência maravilhosa. Seu *Testamento Espanhol* é, aliás, um belíssimo livro. Admiro também Marc Bloch que foi fuzilado pelos alemães, de cuja obra possuo praticamente todas as primeiras edições. Dentre os condenados havia um menino de 13 ou 14 anos que tinha muito medo e, no momento em que iam ser passados pelas armas, Marc Bloch o tomou pela mão e pediu aos alemães de assim permanecer com ele. Depois do assentimento deles, Marc Bloch sussurrou ao ouvido dessa criança que era um professor famoso e lhe prometeu que a execução não seria dolorosa. O menino se acalmou. Quanto a mim, sonho ter tanta coragem quanto Marc Bloch, mas não tenho nenhuma idéia daquilo que ele sentiu. Ao contrário desse exemplo edificante, seria possível que eu berrasse como um cervo; mas, visto que nosso século nos força a imaginar o pior, eu direi que abandonei os Estados Unidos por estar interessado no destino da Europa. Tudo aquilo que está presente em minha obra, em matéria de reflexão sobre os limites do homem e da linguagem, meu estudo sobre a concreção do imaginário, gira em torno de uma desconhecida angústia metafísica pascaliana ou kirkegaardiana que já era pensada por Santo Agostinho, a quem leio e releio sem cessar. Quando chega o momento, como se comportar? Por não sabê-lo, concentro muita atenção nesse problema. Daí por que nada publiquei sobre o caso Paul de Man e não pude nada fazer a respeito, salvo uma ínfima alusão escrevendo um artigo sobre Sartre que o *Libération* reteve. Em compensação, disse o que tinha a dizer sobre Heidegger colocando a seguinte questão: "O que havia na vida da arte e do espírito que paralisava a alma e que transformaria o bom senso ético nas situações extremas?" Por isso, meu primeiro livro, *A Morte da Tragédia*, termina por um epílogo sobre os campos de concentração. Eu vejo nisso a coerência interna de minha obra. O mesmo acontece com esse problema em meus romances, em meus ensaios de lingüística, os próprios ensaios, o livro sobre Martin Heidegger e também em *Presenças Reais*. Eu sou filho deste século. Meus amigos do Liceu Janson-de-Sailly e aqueles do liceu francês de Nova York foram mortos nos fornos crematórios. Eles foram detidos no Velódromo de inverno, enquanto eu escapei dele por sorte, por mais estranho que seja. Devo, pois, falar deles e por eles e fazer esse gesto na medida de minhas possibilidades. Não vivi eu até os nossos dias nesse luxo extraordinário que é a segurança?

O fato de ser um sobrevivente é uma situação difícil de viver no plano moral?

Efetivamente é muito difícil. Envergonho-me diante do testemunho de um homem como Claude Lanzmann. Toda questão é saber que finalidade dar a esse destino de sobrevivente. Incumbe-lhe uma tarefa? Há uma provocação, um apelo, uma intimação? Posso eu, ao menos, responder a uma única questão? Sem essa problemática eu não seria professor, não seria leitor, não ensinaria meus colegas a ler, visto que eu sou apenas um mestre de leitura. Mas os grandes professores, os grandes escritores são outros. Quanto a mim, não sou mais do que a ilustração do dito de Púchkin, um carteiro que leva para seus destinatários, que são meus alunos e meus leitores, as cartas que ele recolheu junto aos grandes, trata-se de uma tarefa inusitada que não é puramente contingente ou profissional, ela implica um sacramento da recordação.

E se o senhor não fosse judeu?

Eu veria o mundo talvez de um outro ponto de vista. Soljenitsen não é judeu, tampouco Akhmatova, cujo *Réquiem* é um dos maiores atos de recordação. Eu espero que haja atualmente chineses que recitem todos os dias uma prece por seus camaradas mortos em Tien An Men. Houve talvez alguns deles entre os alunos que tive em Pequim e em Shangai. Em cada cultura encontram-se pessoas que celebram a lembrança, mas na Europa as lembranças são milenares e o número de problemáticas, infinito.

II. O Passado Presente

1. UM MESTRE DE LEITURA

Ramin Jahanbegloo – *Ontem, nós falamos de sua vida. Hoje, eu gostaria de que falássemos de seu trabalho. Como o senhor o define? O senhor é um filósofo, um crítico literário ou um leitor de nosso mundo?*

George Steiner – Eu gostaria de que a lembrança que guardassem de mim – por pouco que eu perdure nas memórias – fosse a de um mestre de leitura, de alguém que passou sua vida a ler com os outros. Para conhecer bem o ato de leitura cumpre utilizar-se das finíssimas análises de Charles Péguy que testemunhou na sua obra, esta obra de uma definição em filigrana e densa, pesquisada e intensa o que implica uma leitura bem feita. Essa leitura envolve uma responsabilidade, pois é uma palavra que contém nela a da resposta, é preciso pois responder a um texto, à presença e à voz de outrem. E isso se tornou difícil senão impossível em uma cultura em que o barulho é constante, que não reserva nenhum recanto de silêncio nem mesmo de paciência. O que quero dizer por paciência, é sua acepção do século XVIII, quando a etimologia prevalecia em fórmulas tais como: "Eu permito que vós venhais à mim" (Je souffre que vous veniez à moi) ou "Eu aceito o vosso pensamento" (Je souffre votre pensée). Ler, não é *souffrir* (sofrer, permitir), mas, a bem dizer, é estar pronto a receber um convidado em sua casa, ao cair da noite. A imagem que os grandes poetas refletem, seja no caso de Heidegger ou nos pensadores pré-socráticos, é a de uma acolhida ao pensamento, ao amor e ao desejo dos outros, pela prática da leitura, pela audição da música e pelo conhecimento da arte. É aprender com os outros a ouvir melhor. Eis por que o ensino sempre me foi indispensável embora me fosse dado, falando materialmente, abandoná-lo por várias vezes. Mas, na organização de minha existência, sempre busquei como que uma maneira de reunir ao meu redor leitores, a fim de preservar a esperança de que, após a minha morte, alguns continuariam a amar os poetas e os filósofos que eu tanto amei. A sombra da americanização do mundo inteiro me persegue. Depois de ter viajado por diversos países, parecia-me que via chegar a mim a América, esta América de uma liberação material do homem, por certo, mas também a da própria adversidade, do silêncio e da solidão. Esse fenômeno combate a resistência a um acesso demasiado imediato a um texto, a uma obra de arte, ou ao pensamento. Esse mundo vai nos aproximar uns dos outros, como a queda do Templo de Jerusalém, quando não existia mais ensino formal, porém, casas de leitura em que os mestres de leitura liam e tentavam aprender a ler e a reler com alguns companheiros e colegas – não falemos de alunos, eu recuso esse termo. Mas o que isso quer dizer? Uma leitura ideal pode ser a de um parágrafo de Montaigne, de Pascal ou de Kierkegaard, um poema de René Char, um soneto de Shakespeare ou ainda alguns versos de Sófocles. Eu começo sempre por um exercício que se chama "amar o *logos*", isto é, *logos philein* ou filologia. Trata-se de descobrir por meio de todos os instrumentos que nos propõem os eruditos, a saber, os diversos dicionários, o sentido primeiro, ingênuo, quase inocente de cada palavra. Esse questionamento é antes de tudo uma interrogação puramente filológica. Depois é preciso passar à gramática, música do pensamento, pois, por intermédio das diversas formas da gramática, que formam um mundo inesgotável, nos é dito que o pensamento humano se faz música. Eu não conheço um grande poeta que não seja um mestre da gramática ou um virtuoso da sintaxe pois não há sintaxe que não encerre uma visão de mundo, uma metafísica e também uma filosofia da morte. Dizer que em certas línguas o pretérito não existe, dizer que em hebraico não existem verbos no futuro é falar de uma visão global do universo, do homem e da identidade de cada um de nós. São as razões pelas quais nós nos estendemos detalhadamente sobre o que se chama de gramática e sintaxe. Depois vem o contexto histórico. Recuso totalmente a idéia de uma ficção que não aceite a biografia, a história e o contextual. Muito ao contrário, não existe, a meu ver, uma única frase de *Madame Bovary* que não reflita a história do Segundo Império, da vida de Flaubert, da língua francesa e da crise da burguesia. Nenhum texto pode ter a pretensão de situar-se fora de um contexto que não se possa comparar à infinita torre de Babel da biblioteca imaginária de Borges. Dentro de um nível restrito, pois isso ultrapassa um pouco os meus meios, nós abordamos a semântica, a saber, o sentido do sentido, o estudo do mistério do sentido, a compreensão da intencionalidade à qual todos os meus livros se dirigem, por um viés ou um outro. Então, eu volto ao método medieval, com suas quatro etapas que percorrem a leitura, essa leitura tão pregnante e tão presente que a gente pode confessar que não entende um poema ou um parágrafo e que é preciso sabê-lo de cor. Isso não resulta de nenhuma técnica mas de uma metafísica que se faz amor, que se faz Eros. Pois o que se sabe de cor é inalienável; não se pode despojar quem quer que seja daquilo que ele traz em si em termos de conhecimento num mundo em que reinam a censura e a opressão, o barulho, o exílio em uma condição humana que se limita a uma segurança material vazia de toda interioridade. Grandes almas sobreviveram à opressão porque elas conheciam textos de cor. Saber de cor uma página de prosa não é um exercício, pois este *logos* entra dentro de nós, talvez muito difícil ou muito violento, inaceitável para nós, porém isso significa que o convidamos a morar na casa de nosso ser e que se aceita viver junto! É assumir o risco de que uma noite um texto, um quadro, uma sonata batam à porta de nossa morada – *Presenças Reais* gira inteiramente em torno dessa imagem – e pode acontecer que esse convidado destrua e incendeie totalmente a casa. Pode ocorrer também que por um grande golpe ele nos roube! Porém, cumpre aceitar assumir a idéia acolher esse texto dentro de nós, não sei das palavras para descrever a riqueza dessa experiência que pratiquei mil vezes, especialmente lendo a *Ética*, de Spinoza, que é para mim uma referência última. Eu leio todo os dias Heráclito e certos poetas modernos como Paul Celan e quando, ainda assim, não compreendi esses textos, eu os decoro para que façam parte integrante de meu ser. A obra de repente me acolhe sem explicar-se, e eu tenho por fim acesso a esse poema. Não posso, nem por isso, retornar aos meus seminários clamando que finalmente compreendi a obra, o que seria ao mesmo tempo arrogante e pretensioso. Entretanto, é verdade que a incompreensão se transformou em amor, em fertilidade, em ato de confiança para com aquilo que me escapa. Eu gostaria de ilustrar meu propósito por uma experiência que realizei nos Estados Unidos, sem ter êxito. Fui introduzido em um grupo de terapia gestual no qual me propuseram que eu tivesse acesso ao nível mais elementar da meditação deixando meu corpo cair para trás, sem ter medo, visto que eles se colocariam às minhas costas a fim de me apanhar. Fracassei nesse exercício, fato que me perturba bastante. Eu tentei de verdade, via as outras pessoas que se deixavam, em confiança absoluta, cair docemente para trás fechando os olhos, porém, eu não atingi o mesmo resultado, pois, é preciso, para levar a cabo essa experiência, estar descontraído no plano espiritual, *at home*, isto é, estar como em sua própria casa na vida, estar em paz com a sua alma. Eu tenho essa sensação, porém, lendo os grandes textos de filosofia ou de metafísica ou enriquecendo minha cultura artística. Então, deixo-me cair e, por vezes, tombo por terra, mas aprendo como ter confiança no absoluto e no inacessível. Meu mais caro desejo seria ter passado a vida lendo, lendo no sentido mais amplo do termo, como se diz em inglês *I read a painting, I read a symphony*, isto é ter incluído nessa prática as belas-artes e a música. Minha obra inteira se fundamenta sobre a apreensão das vozes que se aproximam de mim. Foi assim que escrevi na primeira linha de *Tolstói ou Dostoiévski* que toda crítica verdadeira é um ato de amor. Por isso mesmo eu me encontro na contracorrente das disciplinas modernas, sejam elas críticas, acadêmicas, desconstrucionistas ou semióticas. Ao meu ver, toda boa leitura salda uma dívida de amor.

2. PENSAR A FILOSOFIA

Qual é a sua posição com respeito à filosofia? Em seu livro consagrado a Heidegger, o senhor afirma que não é um filósofo profissional. Existem segundo o senhor, diversas formas de filosofar?

Afirmei que não era um filósofo profissional porque esse mundo fechado da técnica filosófica contemporânea efetua um julgamento negativo sobre o que eu tenho escrito e que parece então ilegítimo. Por exemplo, não se pode escrever *Tolstói ou Dostoiévski* sem ser eslavista. Não se escreve *As Antígonas*, tampouco, sem ser helenista. Os lingüistas respondem ao *Depois de Babel*, que está no centro dos debates sobre o problema da tradução, que eu não pertenço ao mundo deles, que não tenho títulos nem certificados e que não estudei com eles. Não se escreve um livro tratando de Heidegger se não se é professor de literatura geral ou romancista franco-atirador. É necessário que eu diga com cortesia a esse nobre mundo que o terreno de minhas competências não é o deles. Jamais me pareceu existir diferença entre a poesia e a filosofia, a música e a matemática. Como bom platônico, creio que todos os domínios se encontram. Quando Heidegger lê Trakl, Stefan George, Hölderlin ou Sófocles, ele não perde seu tempo definindo-se como professor de literatura francesa ou como germanista. E isso é maravilhoso. O maior filósofo é o poeta do pensamento; não há maior poeta que Platão, como não há metafísica mais aguda do que as de Char ou de Celan. Não realizar essa distinção custa muito caro, pois em certo estágio de conhecimento, o adversário tem sempre razão. Podemos cometer erros, não somos Leibnitz, não somos Oppenheimer ou uma enciclopédia viva que reagrupa a totalidade do saber; podemos sempre dizer que Leibnitz foi o último, em data, desses sábios: isso não tem importância. Hoje em dia, ninguém pode pretender dominar por inteiro a não ser uma parcela de uma especialidade. A fragmentação dos conhecimentos humanos se tornou horrenda. Todos os meses, os americanos publicam na Biblioteca do Congresso uma nova lista de todas as revistas técnicas. Ora, cada técnica engendra até quatro revistas no espaço de seis anos. Isso significa que toda técnica se especializa tanto mais quanto ela se separa do tronco comum. Escrever um livro sobre Tolstói e Dostoiévski sem ser eslavista, é expor-se à crítica. Escrever um livro sobre Sófocles, é preparar-se para ouvir como censura o fato de não ter lido a última monografia daquele excelente professor que nos teria demonstrado por A + B que nós não analisamos este verso levando em conta aquela grande ponte que celebrou em um colóquio, ao qual não assistimos. É, pois, verdade que eu possa cometer erros, tanto mais quanto eu vou ao coração das coisas com tal impaciência que por vezes me engano. Existe uma música que é a da razão e da intuição, que é a da dança do espírito, parecida à dança nietzschiana ou à *A Alma na Dança*, de Valéry, uma dança que é movimento. Quando se pensa na dança de Montaigne nas escadas de sua torre, pode-se crer que a leitura de seus *Ensaios* é, ela própria, uma longa dança da alma e do ser. Tenho em mim esse sentimento de união e de unidade das coisas e, portanto, pouco me importa não ter um título universitário que me valeria um suposto reconhecimento. Espero que haja um encadeamento em meus livros, que meus romances estejam sempre centrados no coração do *logos*, que eles se mantenham ao redor dessa palavra que compreende pintura e música como um só corpo vivo. Eu não quero estar acuado pela textualidade. Não existe, a meu ver, nenhuma teoria do sentido que não leve em conta a música e é por isso que eu lanço um desafio à toda forma de desconstrução, à toda teoria lacaniana ou a Derrida. Muitas vezes senti carnalmente o sabor físico de um pensamento, o gosto de uma idéia que se infiltra em minha pele para ganhar com uma batida mágica de asas minhas mãos, meus braços e meu semblante. Tive uma sorte inverossímil durante minha vida. Há um certo tempo, estava na estação de Frankfurt e, nos dez minutos anteriores à partida do trem, vi um quiosque em que vendiam livros, e atraiu-me uma pequena encadernação branca. Acontece porém que não consegui decifrar o nome do autor. Abri o livro que apresentava uma reunião de poemas e li: "A língua está ao norte do futuro". Perdi meu trem por causa deste poema de Paul Celan. Foi ali meu primeiro encontro com sua obra. Tive um choque quase físico embora nada tivesse compreendido desse verso, não mais do que compreendo, mesmo hoje, a totalidade desse pequeno poema. Celan tornou-se, portanto, por inteiro, o pão e a respiração de minh'alma. Quando passeio em meu jardim, sinto esses versos se perfilarem ao meu andar. Escrever "A língua está ao norte do futuro" é modificar nossa própria concepção do norte. Alguns filósofos excluem todo contato físico com a língua, por exemplo, Frege que não gostaria nada de ouvir "O sabor da idéia sobre a língua". Não são as diversas classificações que têm sua importância, são os seres em ação que fazem de sua vida uma abertura e um acolhida.

O senhor disse que era um platônico. De quais outros filósofos o senhor se sente próximo?

De Kierkegaard, com certeza. Aprecio também bastante a ironia de Montaigne. Todos os nossos desconstrucionistas não são nada comparados a ele e à sua maneira de desconstruir uma citação que ele falseia, aliás, voluntariamente. Sinto-me igualmente próximo de Heidegger, e são poucos os dias que passo sem ler uma página de Nietzsche, cuja inteligência é praticamente sobrenatural. Sua prosa, única no mundo, aproxima-se da música pura do ser. Em exergo da correspondência de Proust, que está em vias de publicação, diz do autor de *Em Busca do Tempo Perdido* que ele foi um dos espíritos mais brilhantes de seu tempo, mas a gente esquece que isso também é verdade com respeito a Nietzsche que, por sua vez, um dos pensadores mais poderosos por seu estilo e seu modo de apreender o ser. Eu li muita filosofia, e possuo em minha casa a primeira edição do *Tractatus*, de Wittgenstein e a da *Sein und Zeit*, de Heidegger. Esses são dois textos nos quais se expõe a própria essência da dialética do nosso século.

3. ENCONTRO COM HEIDEGGER

Eu gostaria de que falássemos do seu encontro com a obra e o pensamento de Heidegger.

Eu lhe contei a desventura daquele seminário sobre Heidegger a que assisti na Universidade de Chicago. Na época, comecei a ler Heidegger sem compreender a mínima palavra de sua *Carta sobre o Humanismo* na versão francesa e essa descoberta, no entanto, me abriu um mundo. Em seguida trabalhei e retrabalhei *Sein und Zeit*, mas ainda estou longe de penetrar a essência desse livro. *A Origem da Obra de Arte, O Que Chamamos Pensar?* e *O Princípio da Razão* são textos que não me abandonam um instante. Tento hoje em dia ler a obra póstuma de Heidegger que até agora apareceu somente em língua alemã e que, dizia ele, era tão importante quanto o seu *Sein und Zeit*. Não consigo. Tenho a sensação de que ali há uma espécie de hipnose que confina com um transe estilístico, com uma escritura automática que não existe sem tornar-se tão vertiginosa como a de um xamã ou de um mágico; pois ele restituiu à poesia e à pintura o lugar que lhes fora roubado desde os virulentos ataques platônicos aos quais toda a obra de Heidegger constitui uma resposta. Mas, esse filósofo é também um homem egoísta, oportunista, covarde e medroso. Curiosamente tais traços de caráter acusam o enigma de Heidegger: alguém que, dia e noite, pensa. O absoluto de seu raciocínio não recua diante de nada e empurra os limites da linguagem e da identidade humana para mais longe ainda do que qualquer outro pensador o fizera depois de Platão, Aristóteles, Hegel e Kant. O grande Heidegger, no sentido "matemático" do termo, é quem opera essa passagem ao limite, seu trabalho não é, portanto, jamais concluído e ele próprio o sublinha escrevendo que tudo é fragmento e tudo não é senão começo. Estou profundamente convencido de que ele tem razão quando afirma que não aprendemos a pensar. Nos anos vinte, ele alerta a opinião pública – pois ninguém havia pressentido o fato antes dele – predizendo que a identidade última da América e da União Soviética será um problema planetário. A gente não pode impedir-se de pensar que sua frase tornou-se hoje um lugar-comum. Que a destruição do planeta e a ecologia resultam de um problema metafísico é também correto. Quando Heidegger diz que a língua fala mais do que nós a falamos é, também, uma verdade se nos fiarmos nas análises de Saussure. O senhor e eu nascemos em um berço de uma ou várias línguas que nós mesmos não construímos, somos, pois, lançados numa situação de linguagem que não nos era própria. Ainda aí Heidegger tem razão. A língua que nos define tem por origem nossa cultura, nossa educação, nossa história. Mas Heidegger emprega a palavra "transcendência" em sua acepção técnica, tal qual ela se manifesta em um poema, em um importante texto filosófico, mas, também, na vida íntima ou erótica, na doença e na angústia. Aquilo que nós mostramos de nós mesmos não necessariamente faz parte daquilo que somos. Quando Heidegger escreve que um grande artista ou um grande pensador é alguém que escuta melhor que os outros, eu o compreendo por demais, porque as coisas atravessam esses homens e isso, cada poeta o sabe, mas Heidegger o diz dominando a poética do pensamento. Segundo ele, os calçados pintados por Van Gogh não têm a ipseidade dos calçados que eu calço e eu lhe dou ainda razão.

Por mais que eu suspeite dele e ele me desagrade, Heidegger permanece um pensador indispensável. Alguns dias fico de mau humor à leitura de seus textos. Necessito de um recuo diante desse mágico da tautologia, desse xamã da repetição que consegue no fim de contas adormecer todo senso crítico, como se fosse um dervixe a abolir a contradição efetuando movimentos rotativos. As críticas enunciadas contra esse pensador podem afirmar que seria preciso libertar-se de seu domínio mas eu lhes pergunto, com muito respeito, quais são as bases para isso. Se esse homem corresponde realmente ao que dele se diz, por que irá dominar o pensamento ocidental por séculos e séculos? Eu acabo de saber que a bibliografia dos artigos que se escreveram sobre ele ultrapassam o número de seis mil, menos de vinte anos após a sua morte, uma bibliografia, portanto, que alcança à de Platão. Em cada livraria parisiense encontra-se toda semana três alentados volumes a seu propósito. Alguns dizem que existe nisso uma doença, uma AIDS da alma, o que eu admito, embora me interrogando sobre as causas desse fenômeno.

O senhor nunca encontrou Heidegger?

Eu o evitei cuidadosamente como tento evitar os grandes homens. É claro, há também felizes exceções; um dia, convidei Borges à minha casa e ele contou histórias para os meus filhos no decorrer desse encontro mágico, encontro que ficou gravado em minha memória. Também me foi dado aproximar-me de gigantes do pensamento, mas tento sempre escapar disso: eles têm mais a fazer do que alimentar nossa beata admiração que resulta amiúde numa decepção. Pois bem, mas o caso de Heidegger não é dissociável de suas afinidades com a ideologia do nazismo – é possível sabê-lo sem recorrer ao livro de Farias. Os escritos de Karl Löwith informaram a esse respeito a quem quisesse conhecer a verdade. Tudo já estava claro nos anos trinta, mas a França descobre às vezes as coisas com meio século de atraso. Eu poderia ir à Alemanha para encontrar Heidegger – não o fiz, da mesma forma que jamais fui visitar Wittgenstein, ainda que morando perto de sua casa. Em Princeton eu esbarrava com os grandes deste século como Kurt Gödel. Em Harvard, estive presente na cerimônia de seu doutorado *honoris causa*. O presidente de Harvard disse que honraríamos naquele momento a pessoa que havia dado o maior passo no pensamento, desde Aristóteles, enquanto um senhor de pequena estatura atravessava o estrado, timidamente, quase tomado de fastio diante da multidão. Acho que não se deve incomodar essas pessoas. É preciso estudar suas obras. Mas, decepções terríveis sobrevêm igualmente nesses encontros pessoais. Eu me calarei sobre aqueles com quem cruzei e que por isso mesmo me distanciaram de suas obras. Eram de uma tal arrogância, de uma falsidade tão evidente que não continuei a lê-los. Pouquíssimos homens possuem em si o ritmo e a cadência interiores daquilo que eles criaram. Alguns cientistas, alguns eruditos representam uma exceção mostrando-se à altura de seus trabalhos. Mas são raros e a defasagem com que a gente que se depara nos outros é espantosa.

4. A PAIXÃO PELAS LETRAS

Sempre me senti impressionado por sua extrema modéstia.

Minha modéstia é fruto da maior arrogância. É por saber que não pude contribuir ao que me parece essencial que faço demonstração de modéstia. Mas estar tão decepcionado decorre também da arrogância. Eu digo aos meus alunos coisas muito simples e avanço muito devagar. Tenho a reputação de ser um homem muito autoritário. Ora, a palavra autoridade contém a de autor, se bem que não vejo como se possa ser autor ou professor sem usar de autoridade. No início de um seminário falo, em geral, sorrindo a meus alunos, que eu tenho uma ótima notícia para lhes dar. "Nós somos de fato imortais, pois a Biblioteca do Congresso Americano coleciona todos os anuários telefônicos do planeta. Acalmem-se, tudo vai bem. Porém, agora vamos ler Milton, Kleist ou Tchékhov e eles não têm necessidade de figurarem no anuário para serem imortais. Se vocês compreendem essa diferença, nós nos entenderemos muito bem e contribuiremos com algo, uns para os outros". Creio que meus alunos percebem muito bem a diferença que nos separa desses privilegiados, nós que não somos senão os porteiros ou criados de quarto. Não se pode jamais abolir essa distância. Para mim, há uma mancha moral e um narcisismo infantil na teoria desconstrucionista de Derrida segundo a qual "este texto não é senão um pré-texto que tem a boa sorte de que eu vou desconstruí-lo e lê-lo." Este texto não é um pré-texto, ele me dispensa admiravelmente bem. É possível, evidentemente, que eu o sirva ao traduzi-lo e transmiti-lo. É bem possível, por certo, que este texto seja esquecido, mas eu sou discípulo de Walter Benjamin e me lembro de ele ter afirmado que nenhum grande texto se perde, pois ele espera, nem que seja por mil anos. Devo, assim, dedicar-me bastante a este texto que me precede em tudo. Ele não é um pré-texto, salvo na acepção do prefixo "pré" como primordial, prioridade, fonte. A abolição dessa distinção, esse "pantextualismo" é, a meu ver, estúpido e decorre da *hybris*, uma mistura tão trágica quanto aquela cometida por um comediante ao exclamar que Hamlet existe graças a ele. A peça é representada todas as noites e pode acontecer que a tragédia de Shakespeare se enriqueça com o bom desempenho do ator. Mas eu insisto na tradução, numa interpretação que tenha uma dinâmica, embora respeitando a ordem de grandeza. Aristóteles já sabia que era mister não confundir as categorias. Deve-se saber onde se está e ficar feliz por ter um lugar, mesmo se for pequeno: que alegria é a de poder colocar na caixa de correspondência boas mensagens e ter certeza de que elas irão ao encontro de seus destinatários! Por duas vezes tive em minha vida experiências inesquecíveis. Em Princeton, Faulkner, que acabara de receber o prêmio Nobel, deu uma conferência. Na época, era extremamente difícil marcar um encontro com ele, porém, tive a oportunidade maravilhosa de almoçarmos, no dia em que meu filho nasceu. Naquela ocasião, pois, ergui um brinde ao nascimento de meu filho em companhia desse escritor. A noite era consagrada a uma recepção acadêmica e esse homem notável estava bastante aborrecido de se encontrar em um meio tão professoral. Era um homem duro e pouco aberto e, naquela noite, tinha muitas outra idéias na cabeça. Parecia-se um pouco com Heidegger pelos olhos pequenos e um aspecto físico que lembrava o de um fazendeiro. Ambos eram homens da terra, fechados em si mesmos e caracterizados por uma incrível economia de gestos e palavras. Seus escritos tão extraordinários não deixavam, de fato, a palavra invadir o espaço. Durante esse jantar entrou um professor de francês de pequena estatura. Faulkner levantou-se e, depois de ter se inclinado à maneira de uma reverência do século XIX, proclamou que saldava assim o homem que havia inventado William Faulkner. Esse ato representou uma grande recompensa para aquele pequeno professor de francês, uma recompensa bem merecida. Seu espírito o conduzira a lutar para obter a publicação das traduções francesas da obra de Faulkner, indispensáveis à sua leitura em inglês. Por conseguinte, as traduções de Maurice Edgar Coindreau me guiam eternamente na escuta da voz interior desse escritor. Tive, pois, momentos privilegiados. Se, hoje, Joyce, Proust e Faulkner são estudados por todos os alunos de faculdade americanos, isto se deve ao trabalho de um jovem crítico chamado Edmund Wilson, que os tornou conhecidos recomendando sua leitura. Nenhuma recompensa é mais bela do que a de ter lutado pela notoriedade de um livro na vida marginal e solitária que tenho levado. Assim o texto da quarta capa de *A Morte de Virgílio*, de Broch, contém uma frase que eu escrevi com a intenção de incitar os leitores a descobri-la em sua tradução inglesa. Do mesmo modo escrevi o primeiro artigo não especializado sobre Claude Lévi-Strauss, no *Times Literary Supplement*, sob o título de "Orfeu e Seus Mitos" que incluí em *Linguagem e Silêncio*. Anos mais tarde assisti a uma conferência que Claude Lévi-Strauss proferiu em Londres. Eu estava sentado no fundo da sala, mas ele notou minha presença, e exclamou que se não gostassem de seu discurso deveriam atribuir a culpa a mim, pois fora graças à minha pessoa que ele ali se encontrava. Esse pequeno gesto penetrou diretamente no meu coração. É bem provável que *Tristes Trópicos* e outros textos de Lévi-Strauss tenham sido apreciados por um público culto pelo fato de eu ter sublinhado serem tais escritos os mais conseqüentes no domínio da introspecção, depois dos de Montaigne e Proust. Preciso confessar que devo ter, por vezes, me enganado, mas é um mal necessário. Àqueles que ficam amedrontados diante dessa possibilidade posso apenas aconselhar a procurar outro ofício, pois o medo do ridículo não dá nenhum direito de cidadania na paixão e no amor das letras. É preciso cometer erros, assim aconteceu com escritores cujas primeiras obras me entusiasmaram enquanto que as seguintes me decepcionaram. É melhor nos enganarmos do que querermos amordaçar e afastar a possibilidade das revelações, porque nós somos, em nós mesmos, um pequeno senhor para quem a escritura não é senão um "pré-texto." É claro que a glosa não se situa no mesmo plano que o texto. Sinto-me solidário com as críticas literárias de Proust e com as traduções de Shakespeare por Pasternak. Sem dúvida, mas respeitemos as ordens de grandeza. Que alegria a de preceder em um caminho o grande homem que acende uma chama diante de nós! Todos os dias eu leio as novidades nos domínios da poesia. Todos os dias ouço as músicas recentes. Nada é mais assustador na minha idade do que começar a emitir pré-julgamentos, pois o ouvido interior se endureceu. Até o dia de minha morte lutarei contra este temor de ser cético diante dos frutos do pensamento que nascerão amanhã cedo e que será preciso colher com entusiasmo. Posso me enganar sobre o valor dos poetas que me inflamam hoje, mas pouco importa, eu os descubro com amor e saúdo meus erros com um grito de aprovação.

5. O QUE É UM CLÁSSICO?

O senhor se considera um clássico? O que é ser um clássico aos seus olhos?

É ser relido constantemente, continuar a ser inesgotável e a provocar profundas dissensões... mas é também ser mal lido. Para dar um exemplo, a crítica que Simone Weil faz da *Ilíada* é errada do começo ao fim, mas só alguém como Homero para ser suscetível de provocar uma tal interpretação. O texto, a pintura, a música e a filosofia clássicas podem despertar reações compartilhadas. Toda a obra de Heidegger é edificada sobre uma frase de Anaximandro, indispensável ao combate que tinha de travar. O clássico representa uma fonte inesgotável de erros e de revelações, fonte do diálogo dos vivos, aquilo que Kierkegaard chamava de "passado presente". A invenção dessa conjugação é uma invenção magnífica. Quando qualifico uma coisa de "mais que perfeita", imito Kierkegaard acrescentando a nuança do inacabado num contexto de perfeição. Estou intimamente persuadido de que certos textos serão lidos apenas amanhã, ou depois de amanhã, e que sua compreensão será completamente diferente da nossa. Aí está o mistério da profecia, do "vidente" de Rimbaud, pois o "clarividente" é de certa maneira um *voyeur*, o que é perigoso; mas o fato da vidência comporta uma parte do *voyeurismo*. Tal foi a "clara vidência" de Kafka, sobre os campos da morte, sobre o horror que se perfilava, sobre a bestialidade humana e o processo dos judeus. Resta saber se a clarividência não é em certo sentido responsável pelo que ela prevê. Essa questão não me parece absurda. Guardadas todas as proporções, eu introduzi em meu romance, pelo viés do interveniente A. H., certos elementos que se revelaram exatos já que esses acontecimentos se desenrolaram recentemente no Oriente Médio. A pressão era tal que judeus torturaram outros e mataram crianças para que o Estado de Israel sobrevivesse. Uma profecia obscena e o triunfo de uma voz maldita que eu já havia salientado em *Linguagem e Silêncio*. Não somos nós, de certa maneira, culpados por ver as coisas chegarem com essa precisão quase alucinante? Não há aí uma responsabilidade daquele que prevê?

Segundo o senhor, lê-se atualmente cada vez mais os comentadores em vez de se dar preferência ao estudo dos clássicos?

Exatamente. Essa situação me assusta particularmente. Lê-se até os comentários sobre os comentários, a leitura dos resumos substitui tudo. Aliás, eu adiantei em *Presenças Reais* uma hipótese segundo a qual esse bizantinismo compreende um medo quase físico da revelação do imediato. A televisão pode revelar todos os massacres, todas as torturas e todos os acontecimentos, de tal modo que o imediato se torna para nós distante, estranho e monstruoso, como se fôssemos crianças assustadas pelo cair da noite. Já sabemos por Pascal e Montaigne que a meta de toda educação consiste em não ter medo de ficar sentado em um quarto silencioso. Ora, noventa porcento dos jovens, segundo as estatísticas, não podem mais ler sem ouvir música ou olhar a televisão com o canto dos olhos. Esse fenômeno demonstra até que ponto temos medo do encontro, na acepção que Levinas deu a este termo, medo da nudez do outro. O comentário serve, portanto, de forma protetora, de "embalagem". Vivemos uma época bizantina semelhante àquela dos escolásticos. Na disciplina que eu ensino, a literatura comparada, pouquíssimas obras tornar-se-ão clássicas. No entanto, uma vai escapar à lei do gênero: o *Mimesis*, que Auerbach escreveu sem notas, quando foi enxotado pelos nazistas de sua gigantesca biblioteca contento suas próprias monografias sobre a literatura medieval, sobre o *De vulgari eloquentia*, de Dante e suas vinte e cinco notas liminares por frases. Ele se refugiou em Istambul onde encontrou apenas alguns clássicos, perdidos em uma sala de leitura juncada de textos alemães. Nós todos vivemos à sombra de Auerbach, o que leva a pensar que é preciso começar a ler quando os comentários desaparecem.

Em Presenças Reais, *o senhor fala também da crise atual da compreensão da linguagem.*

A linguagem dos clássicos tem no Ocidente uma dimensão metafísica, senão teológica sem que, no entanto, seus autores sejam crentes. A linguagem deriva do logos. Como segurança última, a linguagem faz aposta cartesiana sobre a possibilidade do sentido em um universo que corresponde ao dizer. Lá onde não mais existe essa possibilidade, a escuta torna-se cada vez mais difícil. Para os jovens, a música *rock* e o *heavy metal* tornaram-se esse esperanto internacional que exclui toda leitura e toda troca semântica, no senso estrito do termo.

Esse tema já estava presente nos seus primeiros trabalhos.

É verdade, bem no começo de minhas pesquisas eu escrevi um artigo publicado em *Linguagem e Silêncio* sobre a recolhimento das palavras; esse artigo foi mais tarde discutido e retomado.

Mas existe uma diferença entre o que o senhor denomina de pós-palavra, pós-cultura e pós-livro?

Eu utilizo dois jogos de palavras, na acepção mais rigorosa do termo. O vocábulo "epílogo" significa aquilo que vem depois do logos, pois o logos está no homem. Pouco após o desaparecimento das tragédias gregas nasceu uma peça intitulada *O Sátiro*, peça que ironizava e que escarnecia os elementos presentes na trilogia trágica. Infelizmente, nós não temos nenhuma tetralogia grega, só nos restam trilogias, embora nos seja impossível representar o efeito da desconstrução irônica que golpeava o espectador à saída do teatro. Atualmente nós vivemos a era da acrobacia irônica desconstrutiva. Mas o que significa "epílogo"? Beckett faz obra de epílogo, ele se aproxima do grau zero do grito e esse grito está na orla do silêncio em suas últimas peças e parece-se a esta grande boca aberta que Picasso pintou em seu *Guernica*. Do mesmo modo, nenhum grito surde dessa boca, que Brecht imaginou em sua *Mãe Coragem*, e é, no entanto, o barulho mais poderoso que jamais ouvi em minha vida. Eis o que entendo por epílogo. Porém, evoco também o "posfácio", o "prólogo", o "prefácio", o "epílogo"... Sou infinitamente agradecido a Derrida por ter inovado neste domínio do pensamento, mas, ao mesmo tempo, fico assustado ao ler, de sua pena, que quando se crê nos signos, deve-se crer em um signo que vira sua face para Deus. Levinas sublinhou que ali se tratava de um face-a-face. Logo, o posfácio implica seja que esta face não existe, seja que ela não nos é concebível, seja que Deus nos virou as costas – o Antigo Testamento já o menciona. Deus roça Moisés que sente as costas de Deus, pois o homem não tem o direito de olhar a Sua face. O posfácio substitui este face-a-face transcendente e teológico numa cultura que não admite por definição senão a sensibilidade, o conteúdo, a tensão e o clima da linguagem.

6. O SENTIDO DO SENTIDO

Em Presenças Reais, *o senhor trata desse problema do sentido. Segundo o senhor, nós não estamos mais investidos por esse sentido e nós não chegamos mesmo a adquirir este "sentido do sentido".*

Exatamente. Não há mais o "sentido do sentido" para os desconstrucionistas e os pós-estruturalistas, não há mais o "eu" após Lacan e Rimbaud. Mallarmé quebra todo contrato entre a palavra e o mundo. Só há as falsas leituras que contam, diz o Sr. Paul de Man. Ele tem certa razão, mas a meu ver, uma etapa para uma boa leitura pode falsificar seu conteúdo. "Se Deus está morto, tudo é possível", dizem Dostoiévski e Nietzsche e, nesse caso, não se pode ler certos livros. Nesse caso preciso, o desconstrucionismo e as técnicas do pós-estruturalismo não são uma leitura, mas uma recusa radical da leitura.

Não sei se é muito cedo ou muito tarde para lhe colocar esta questão, porém gostaria de que falássemos um pouco de sua concepção de Deus.

95

Não, eu me recuso a debater essa questão com o senhor, cabe ao senhor descobri-la em minha obra.

Permita-me ao menos que coloque essa questão obliquamente.

Se desejar.

O senhor está de acordo com Alex Philonenko quando ele escreve que há em sua obra uma "concepção teológica do sentido"?

Meus reflexos são muitas vezes maniqueístas. Eu tenho a idéia da encarnação do mal, de um mal que não é, como o diz Aristóteles, privação do bem, mas atividade e substância. Kant, ele próprio, mestre das Luzes e da Razão, considerava esse mal, um "mal encarnado". Essa definição corresponde à empiria do mundo, mas implica, sobretudo, a transformação das boas intenções em resultados decepcionantes. O inferno pode surgir de boas vontades, de um belo projeto ou de um desejo de melhorar a condição humana. Tenho entre meus amigos um médico cuja carreira foi cortada por uma espécie de autodestruição. Trabalhando com doentes hemofílicos, sua vida se tornou um pesadelo; foi, na verdade, contaminado pelos doentes quando aspirava curar doentes que desenvolviam o vírus da Aids. Tenho na memória muitos outros exemplos que demonstram que o homem que quer fazer o bem se vê confrontado com o mal demoníaco. Tento compreender a História, quando alguns anos depois de Auschwitz, os massacres recomeçam, quando se queimam cereais para que o preço não baixe muito, enquanto a algumas centenas de quilômetros, populações inteiras morrem sem cessar e morrem sempre, incansavelmente, de fome. Isso me faz afirmar que a História é um tecido de contradições, de crimes cometidos com toda a lucidez. Mata-se com grandes olhos abertos e continua-se a agir dessa maneira porque o mal está ali e porque ele se alegra. Nessas condições, o pecado original é uma hipótese excessivamente fundamentada. Uma queda do homem na História e eis que nós tropeçamos, do mesmo modo que quando tento compreender a condição humana – nossa condição de homem em que novos pesadelos surgem do progresso tecnológico – não posso impedir-me de constatar que houve, em um estágio pré-racional e pré-lógico, uma desgraça da humanidade. Qual foi o crime? Eu o ignoro. A fábula da maçã e da serpente não tem nada a ver com isso. Eu moderarei tal fato sublinhando que os textos sagrados ainda não liberaram todos seus segredos e que os primeiros capítulos do Gênese continuam tesouros inesgotáveis para as diligências filosóficas e antropológicas. Tomemos um exemplo deixando a história sagrada de lado. Quando alguém sofre uma intervenção dentária, toma-se a precaução de lhe dar uma perfusão. Imagine uma mulher casada, grávida de um feto, que está contaminada pela Aids. Essa situação assemelha-se a um puro jogo de azar em que basta ter sorteado um mau número. Para a escala darwiniana, o caso é benigno, não procuro nem mesmo as razões desse drama. Porém, respeito profundamente aqueles que o aceitam e calo-me diante deles. Eu os qualificaria de herdeiros espirituais dos grandes racionalistas, de Auguste Comte e do positivismo por conceber que essa situação lhes parece normal e adequada ao seu modo de vida. De minha parte, não tenho a mesma reação, não posso viver dessa maneira. Por isso, não procuro compreender – pois a palavra é incorreta –, mas, suportar e sofrer esses fatos. Começarei por apresentar respostas correspondentes a uma escala de reações que não sejam totalmente inadequadas à crueldade e à monstruosidade dessas experiências, sejam aquelas de Auschwitz ou de sua aplicação horrenda em uma Aids declarada de um feto, experiências que são casos de obscenidade tão grave que o conceito de razão se torna inoperante, como uma bofetada desferida na ética. Minha reação não faz de mim um homem mais inteligente do que eram Santo Agostinho, Pascal, Kant e Marx, que colocam sua crença em uma falta original metafórica. Reencontramos essa idéia em Marx, que escreve, em seus *Manuscritos de 1844*, que um crime cometido no Jardim do Éden provocou a aparição do dinheiro e da escravatura, ou seja, a oscilação para o demônio da história. Freud exprime essa idéia na morte do pai; Lévi-Strauss, por sua vez, descobre o que é a queda na passagem da natureza para a cultura, operada por Prometeu ao dominar o fogo. Todos os grandes pensadores tratam esse conceito de diversas maneiras, mas todos crêem na incidência da queda. Todos estão convencidos da existência do pecado original que eles nomeiam diferentemente, embora o maniqueísmo esteja presente em suas explicações. Os detratores de Claudel o acusam de uma heresia muito perigosa e muito grave: crer não no céu, mas no inferno, crer no Mal, mas não no Bem. Heresia de viver a presença da queda! Estou profundamente consciente dessa acusação e volto-a constantemente para mim. Os que falam de mim têm bastante razão, eu sou o primeiro a formular críticas a meu respeito. O que me impele para o mal? A época em que nasci? Uma decepção irreparável diante da maneira que eu conduzi minha obra e minha vida e o que elas deveriam ser? A distância entre o que eu poderia ter feito e aquilo que eu fiz se revela com a idade mas não tem interesse, serviria muito bem para divertir os psicólogos. Não, eu não conheço a etiologia psicossomática da fascinação que experimento pelo mal, fascinação que exprimo em meu romance *O Transporte de A. H.* e em minha obra inteira com a noção da tragédia absoluta. Ouso crer que o desequilíbrio maniqueísta de que sofre a gnose histórica demanda uma "presença real" transcendente. Nada mais posso dizer. Pensar um universo total, rigorosa e logicamente materialista nos impede de conceber razoavelmente os fatos de nossa história e nossas próprias responsabilidades para com eles. Se, como Nietzshe nos ensina, Deus está morto, se, como Auguste Comte pretende, só subsistem as leis da química, aceito a idéia de que tudo é permitido. Não me coloco, porém, em um plano puramente materialista e não dou razão à riquíssima máfia pornográfica e pedófila que não vê o fundamento transcendente da ética. Creio que aquele que tortura uma criança ou um animal já é maldito. O estado metafísico da danação se encontra ao nosso redor.

Qual é o lugar atribuído à liberdade humana se a História é o lugar do exercício do mal?

Nós caímos porque somos livres. A censura não representa tanto quanto se possa crer na autorização da tradução de meus livros. Assim, em *Linguagem e Silêncio*, "As Palavras da Noite" é o ensaio em que as traduções são as mais bizarras, especialmente quando um editor decide ilustrar com fotos pornográficas o problema de que trato. A edição turca merece ser interditada. Eu não aceito a liberdade total de palavra e de opinião mesmo se existe ali algo de maravilhoso. Não, decididamente não, eu recuso que se distribua folhetos que incitem a tortura de crianças, que as mulheres sejam humilhadas pela difusão de vídeos pornográficos ou que se publique um panfleto cujo teor seja um ato de violência racista e racial contra os negros. A desonestidade daqueles que defendem uma atitude permissiva e liberal é profunda. O senhor e eu temos a sorte extraordinária de podermos nos oferecer uma boa refeição, uma consumação em um café, uma ida ao museu e ao teatro ou então viajar. Temos como válvula de segurança a possibilidade de telefonar a um amigo se nos sentimos deprimidos e de assistir a um concerto na companhia dele. Mas o humilhado, o ofendido, aquele homem que trabalha na fábrica oito horas por dia, que não saboreia jamais uma boa refeição, que não sabe o que são belas férias e que jamais foi ouvir um concerto, este homem se contenta com a pornografia como única saída de socorro. Com um pouco de sorte, ele se masturba ou sai para um giro pela rua. A totalização da liberdade não existe. E depois uma liberdade, mas para quem? Para os ricos? Isso não é suficiente. Eles jogam a cabeça para trás, dizendo para si mesmos que há muitas outras coisas em suas vidas. Mas o que é a liberdade para aquele que tem apenas essa única arma? Os videocassetes a oferecer um espetáculo pornográfico rebaixam o homem; ler Shakespeare, escutar Beethoven ou assistir a uma representação de uma peça de Molière elevam-no. Esses dois argumentos são indissociáveis um do outro. A literatura, a arte e a linguagem têm esse duplo poder de despertar a sensualidade ou de a obscurecer ou de a diminuir. A pornografia, a mais abjeta, e o verdadeiro sadismo rebaixam o homem, tão bem que uma repercussão na política e na economia dos sentimentos e dos atos pode sobrevir. O universo ideal é um engodo, é revoltante estar sentado em uma cadeira vendo, nem que seja por três minutos, um cassete oferecendo o espetáculo da tortura sistemática de crianças nuas. Mas o ponto essencial é o seguinte: o que fazemos por nossas cidades, o que fazemos das injustiças sociais e econômicas, como tratamos a maior parte da população que se compõe de gente mortificada, ferida e mutilada na alma? Eis as razões pelas quais não deixo de reconhecer ao malogro da censura e seus erros. Ademais estou convencido de que havia um risco necessário a tomar censurando *Bagatelles pour un massacre*, de Céline, o que não teria sido uma perda para a cultura da humanidade. Eu prefiro correr esse risco em vez de crer que tudo vai bem no melhor dos mundos. Somente uma sociologia decorrente de uma ética transcendente é capaz de negar a possibilidade de torturar crianças e disso fazer filmes. Esse argumento já foi levantado por Dostoiévski em seu livro *Os Possessos*. O cúmulo da problemática que se desenvolve ao redor da censura é precisamente o avatar desse capítulo que não foi publicado depois de sua redação.

7. A ÉTICA DA RESPONSABILIDADE

O senhor não é um intelectual engajado, mas o conceito de responsabilidade é importante para o senhor.

A responsabilidade é da alçada do absoluto e da teologia. Eu tomei por inteiro essa passagem da Bíblia em que Jesus se dirige às crianças e compreendo que Nietzsche desfalecesse ao ver bater num cavalo. Nós carregamos em nós a danação. Senão, por que ter destruído o planeta? Parece que na Amazônia, pode-se alugar um helicóptero para passear, fuzil na mão, nas partes mais recônditas desse país e matar as tribos que aí vivem. Uma caça ao homem que nada tem de comparável a não ser à caça ao urso, ao elefante ou ao golfinho e à baleia. Para praticar esse exercício, pode-se alugar um helicóptero, sem rodeios. Em 1930, organizava-se para os milionários essas pequenas caçadas ao homem. *Homo homini lupus*; nenhuma lei se opõe às decisões tomadas com base empírico-pragmática. É claro que essas tribos de indígenas mal lavados em nada devem incomodar a economia e a produção anual das fábricas.

O problema da ética se exprime em suas obras, por exemplo, sob a forma de ética do discurso.

Todas as minhas categorias são éticas, as do meu estudo do romance em *Tolstói ou Dostoiévski*, do drama em *A Morte da Tragédia*, ou da moral de uma leitura bem feita em *Linguagem e Silêncio*. É um absoluto. Minhas metáforas são com certeza religiosas, mas elas são mais poderosas assim. O mistério do pecado que combate o Espírito Santo existe, sem que ninguém se ponha de acordo sobre a natureza desse pecado, mas é o único que Deus não perdoa. É um enorme problema teológico. Os pecados contra o Espírito Santo se colocam em cada confissão, numa escala secular. Em minha profissão, é a falsa citação. Em medicina, é ministrar o veneno em vez dos medicamentos; ou um professor servindo-se de seu carisma e de sua autoridade para atentar contra a sexualidade de seus alunos. Assim, Ionesco em *A Lição*, Paul Bourget em *O Discípulo* ou Canetti em *O Auto da Fé* dão muito o que pensar sobre a violência inerente ao ensino. Esses clássicos serão redescobertos.

Essa problemática lhe permite reencontrar sua raízes judaicas?

Sim, na relação do rabino com seu discípulo.

Isso não lhe faz pensar sobre aquela palavra de Levinas, para quem o problema central do judaísmo é a ética e não o dogmatismo?

Pouquíssimos homens verdadeiros existem. O problema da ética permanece o mesmo, porém o homem não é mais julgado por Deus, mas por um juiz. De nada serve sofrer se o juiz não mais está lá. É a lógica da máfia e nesse caso ela se revela exata.

O judaísmo é uma cultura?

Eu já lhe expliquei que era minha história, minha identidade, minha casa e o jantar com meus filhos.

O senhor poderia me dizer mais sobre esse problema da responsabilidade?

Eu não quero que me convertam em um profeta moralizador. Espero ter contribuído para problemas tão importantes quanto a tradução, a história das literaturas no Ocidente, as relações entre música e poesia; eu não sou Levinas, sou um romancista e também um poeta e um escritor.

Dostoiévski escreveu em Os Irmãos Karamazov: *"Nós somos todos culpados de tudo, e de todos diante de todos e eu mais que os outros." Essa frase coloca a meu ver o problema da responsabilidade e da culpabilidade; eu me pergunto até que ponto nós somos responsáveis por uma responsabilidade total.*

Vou responder contando-lhe uma historieta muito interessante. Durante o inverno de 1957-1958, pude encontrar-me com Lukács que estava em prisão domiciliar. Eu lhe trouxe cartas clandestinas escritas por seus admiradores franceses e alguns livros proibidos – eu era muito jovem na época. Ele me concedeu alguns encontros que se tornaram primordiais. Para ele, os artistas, os escritores e os pensadores são responsáveis até o fim dos tempos pelo abuso que se faz da obra deles. Nietzsche e Hölderlin seriam responsáveis pelo fato de que a Wehrmacht e a Gestapo tivessem distribuído extratos de suas obras aos soldados. Wagner seria responsável até o fim dos tempos pelo fato de que sua música tenha acompanhado todos os importantes da S.S. no momento de suas mortes. Esse argumento é falacioso; não existe nenhuma obra da qual não se poderia fazer um uso abusivo. Lukács disse-me, então, que todo emprego ou abuso desumano de uma só nota de Mozart é impossível. Tentei compreender essa frase. De volta a Princeton, pensei no célebre compositor americano, Roger Sessions, falecido depois disso, e no seu livro, o mais belo que jamais se escreveu sobre a experiência musical. Por outro lado, esse homem eminente fez seu doutorado em Harvard, quando tinha apenas dezesseis anos. Ele se pôs ao piano e tocou os quatro primeiros compassos da ária da Rainha da Noite em *A Flauta Mágica*. Voltou-se então para mim,

103

sorrindo, e me disse que lá estavam as únicas notas que davam razão a Lukács. Evidentemente, refleti longamente sobre essa reflexão e não estou de perfeito acordo com Lukács. Porém, há exatamente uma semana, um jovem russo me afirmou ser-lhe impossível ouvir Beethoven, devido ao uso de suas músicas, durante as cerimônias que se desenrolavam sob Stálin. Ser responsável por seus atos até o fim dos tempos é o verdadeiro Juízo Final com o qual nos defrontamos. Yeats escreveu um célebre poema sobre a insurreição de 1916 que foi severamente reprimida, perguntando-se sobre o rasto, em sua obra, pela incitação de ter enviado à rua aqueles que os ingleses fuzilaram. A questão é talvez um pouco arrogante da parte de Yeats que concebeu belos textos patrióticos, mas eu duvido de que se deva sair à rua para se fazer fuzilar pelo inimigo. Toda obra é responsável. Publicar é se engajar, tomar responsabilidades diante da sociedade, diante do leitor, diante das conseqüências que um argumento poderia ter. Céline assume a conseqüência de seus textos. Nunca ele pretendeu ser inocente, não mais do que se perguntou como puderam levá-lo a sério. Encontrei Ezra Pound uma só e única vez, no fim de sua vida, quando ele havia assumido a totalidade de seus atos. Certa vez, ao encontrá-lo numa de minhas conferências, senti-me honrado por sua presença e aproximei-me dele para apresentar-lhe meus respeitos. Ele esboçou um pequeno gesto de recusa e deu-me um pequena carta em que se desculpava por ter escrito asneiras demais para ter vontade de falar comigo. Guardo sempre esse bilhete e é verdade que no decorrer de sua vida escreveu muitas besteiras sinistras. Explico em *Presenças Reais* o que implica aos meus olhos as palavras "responsabilidade", "resposta", "ser responsável diante de", "pedir resposta a" e me pergunto igualmente sobre o sentido da palavra do inglês antigo de consonâncias jurídicas de *ensurability*, "estar em respondência a". A respondência é uma ética. Se é "responsável por", se é "respondente" à somatória, à voz e à presença que se aproximam de nós e por conseqüência do ensinamento de um texto. Ensinar torna-se uma carga incomensurável, tão pesadas são as responsabilidades a carregar. Os professores podem utilizar um texto para fins políticos; pode-se estudar a vida de um grande mestre como o era Alain, a biografia de seu brilhante aluno Marcel Déat e constatar as responsabilidades de seus atos. Pode-se pensar no escândalo nascido do apoio de Jean Beaufret a Faurisson, quando ele era seu aluno no *hypokhâgne* e *khâgne*, no pré e no curso preparatório para a Escola Normal Superior de Paris. Casos extremos como o de Simone Weil levam a refletir sobre a responsabilidade que implica a obra de arte em sua recepção por um público. Não se pode julgar uma obra com base nesses simples critérios, não se pode recusar a ser surpreendido ou chocado por uma obra. Não creio, por um único instante, que um artista possa levar a sério a teoria da arte pela arte. Ela foi uma tática necessária contra os filisteus e o Segundo Império moralizante que processou Baudelaire e Flaubert. Mas creio que não se possa dizer que a arte é a única coisa que não é séria. A arte pela arte depende da estética, da sedução, de um estilo. A obra desinteressada não entra na categoria da moral. A arte pela arte é uma ética toda poderosa que combate o material, o político, a *pólis*. O dândi é altamente consciente de sua estratégia política. Porém, meu temperamento, a herança do judaísmo, a educação que me foi dada por meu pai, a influência de grandes mestres como Gershom Scholem me encaminham para as obras que comportam um debate ético, uma análise política. Por instinto, dirijo-me para o dadaísmo e para a escritura automática – há nesse movimento um protesto contra a Primeira Guerra Mundial e um engajamento político muito pronunciado. Tendo a me desviar do *happening*, das estruturas autodestrutivas de Tinguely, das paredes recobertas de poliestireno à moda do Pink Floyd e volto-me de preferência para Brancusi e Giacometti que ilustram nossa época com suas visões morais e trágicas. Porém, seria falso pretender que quando abordo uma obra penso em primeiro lugar em suas conseqüências, que são, na maior parte das vezes, imprevisíveis. Era impossível pressentir que a obra de arte mais exata de nosso século seria escrita por Kafka. Em troca era fácil entender que o trabalho artístico de Tolstói e de Dostoiévski determinaria os grandes programas de ação política. Eu sou apaixonado, eu o confesso, pelas obras engajadas.

8. ATENAS E JERUSALÉM

Se me sinto autorizado a colocar o problema da responsabilidade no centro de nossa discussão é porque vejo em sua obra estas duas vertentes que parecem contraditórias: o mundo judaico e o mundo grego, e elas duas têm aí seu lugar.

Eu venho depois de Atenas e depois de Jerusalém. Nós todos vivemos dessa dupla herança. Noto, ao estudar o mundo helênico, que essas duas culturas se tocam. Os primeiros séculos de nossa era manifestam igualmente essa proximidade cultural. Mas, sabemos realmente quais relações existiam entre o *Prometeu* e o *Livro de Jó*? Nossa ignorância é grande nesse domínio. Quando da conferência que dei recentemente, em Berna, expliquei a aproximação que existe entre dois galos: o de Asclepíades, as últimas palavras de Sócrates "Nós temos um galo a pagar", e os três cantos do galo, a negação do Senhor. A história da cultura ocidental foi determinada pelas mortes conjugadas de Sócrates e de Cristo. Nós somos, até o fim dos tempos, os herdeiros de *thánatos*. É claro que se eu tivesse optado pelo rabinato, uma exclusão teria vindo à luz mas se, de outro lado, eu me tivesse contentado com o mundo secular e me imbuído da cultura greco-latina, jamais teria escrito nem livro, nem romance. A contradição é apenas parcial entre essas duas civilizações, pode-se tanto ver uma aproximação entre o humor judaico e a ironia de Sócrates, ironia de resto kafkiana, *avant la lettre*. Essas duas estruturas me parecem indissociáveis, se bem que um trabalho mais profundo ter-me-ia permitido excluí-las uma da outra. Em *La Dette impensée: Heidegger et l'héritage hébraïque* (A Dída Impensada: Heidegger e a Herança Hebraica), publicado nas Éditions du Seuil, Marlène Zarader mostra a que ponto a mística do não-dito e a ausência do judaísmo preparam Heidegger a passar em silêncio um anti-semitismo que precede todo outro anti-semitismo. Eu pratico os dois testamentos, o pré-socrático e o judaico, enquanto Karl Barth, outro mestre, me inspira uma reflexão que eu costumo enunciar aos meus estudantes. Ou seja, uma escolha entre Karl e Roland. Trata-se, é claro, de Karl Barth e Roland Barthes. Essa máxima tornou-se proverbial para meus alunos aos quais eu tento demonstrar até que ponto Karl Barth é um leitor mais profundo do que Roland Barthes, se bem que eu nutra em relação a este último uma real admiração. Lemos em conjunto o comentário da Epístola aos Romanos, de autoria de Karl Barth, a fim de compreender o que é um grande ato de leitura. Permanecem misteriosas para mim as passagens sobre Isaías, sobre os Salmos do sofrimento e os Salmos do servidor, em que se anuncia a vinda de um messias que seria torturado e fustigado, cujas vestes seriam diaceradas para que ele carregasse uma coroa de espinhos. É um problema de uma clarividência (*clairvoyance*) que se recusa, a recusa do helenismo de São Paulo, do casamento de Atenas e de Corinto. Se me fosse possível renascer em outro mundo, escolheria a vida de um historiador ou de um pensador do mundo mediterrâneo nos anos 30 a 300 a. C., pois aqueles são os anos durante os quais se realizaram a mistura e a trágica separação entre Atenas e Jerusalém e deles se pode dizer que tiveram como conseqüência ineluctável os campos da morte. Como se pode levar a sério os capítulos IX e XII da Epístola aos Romanos, em que Paulo afirma que, devido à renúncia ao Messias, os judeus até o fim dos tempos tomam a humanidade como refém, o que se torna sua condição histórica? Claudel também deu a conhecer uma reflexão a esse respeito. O homem não pode se esquivar diante da roda da fortuna da História enquanto o povo judeu se recusar a entrar na *ecclesia*. Esse desafio fatal e inteligente anuncia que, um dia, os massacres sobrevirão. Atenas, Jerusalém, Platão e os pré-socráticos são os temas de meu livro *Depois de Babel*. Experimento um prazer malicioso ao ler Philippe Sollers que recusou a publicação dessa obra nas Éditions du Seuil. Durante anos eu havia sido um autor requisitado, havia recebido prêmios literários e eis que a equipe do *Tel Quel* rejeita esse livro e edita uma revista denominada *L'Infini*, revista de inclinação religiosa, embora Emmanuel Levinas seja o mestre dessa capela que, por um desvio inelutável, começa por tal qual (*tel quel*) e se encerra pelo infinito (*infini*).

Cada vez que menciono a Grécia tenho a sensação de que o senhor a aborda pelo olhar de Heidegger. Para o senhor, a Grécia arcaica não é a Grécia política. O senhor nunca fala da democracia ateniense.

É certo. Eu abordei os traços políticos da Grécia sem por isso definir uma história da política grega muito antes de ter escrito *Heidegger* e *As Antígonas*. Leio o Platão do *Teêteto*, dos *Sofistas*, de *Fédon*, de *Fédro*, de *Protágoras*, de *Parmênides*, mais do que o Platão de *A República* e as *Leis*. Estudei a lógica, a epistemologia, a poética de Aristóteles mas não suas constituições. Há aí também um acidente de educação, das contingências referentes ao meu gosto e ao meu instinto. Minha Grécia é em grande parte aquela de Heráclito, tratada por T. S. Eliot ou por Valéry, que põe o ressalto em Zenão. Foi, aliás, Valéry que me influenciou no amor por uma Grécia pré-socrática e platônica, a Grécia dos Eleatas, dos grandes místicos, dos matemáticos. Muito antes de ter escrito sobre Heidegger, redigi um ensaio sobre as formas pitagóricas, sobre o fascínio que sobre mim exercem a música, a matemática e a dança. Estabelecer – Simone Weil o fez – uma relação entre essas artes e o Estado grego marca profundamente um pensamento. Tenho a convicção íntima de que certas ordens de especulação intelectual só podem se encontrar num mundo limitado em que os escravos oferecem aos ricos a subsistência necessária, assim como o lazer de ir debater seções cônicas ou álgebra dos irracionais, na Academia. Com efeito, o privilégio insensato que conheceu a Grécia antiga consistia nesse luxo de um pensamento político baseado na escravidão e na redução da mulher a um estado de inferioridade. Tudo o que é nosso foi pensado durante esse breve período da história humana; nós somos os filhos desse mundo. Nosso conhecimento se enriqueceu depois, apenas muito pouco. Nossa ciência, nossa matemática constituem um seu banal prolongamento. Schelling dizia que, quando pensamos, somos todos gregos. Talvez sejamos todos hebreus quando rogamos ou sofremos, mas o pensamento, concebido de modo especulativo, formal e plástico, nos vem dos gregos. Ser professor, é ser grego. Receber alguém em uma universidade ou uma academia, é ser ateniense. Eu nunca me preocupei com a história política grega. Heidegger, em seu discurso para o reitorado, ou Platão, conselheiro de Dionísio da Sicília, enveredaram por um caminho árduo. Atualmente, sigo muito de perto o debate que travam Philippe Lacoue-Labarthe em *La Fiction du politique* (A Ficção da Política) empenhando-se em repensar o platonismo político à luz ou à sombra de Heidegger. Por outro lado, mantenho-me a par das teorias contemporâneas que abordam esse assunto.

Penso especialmente nos trabalhos de Finley e Vidal-Naquet.

Não foi a democracia ateniense que fascinou o pensamento ocidental, mas a arte grega e a ciência grega.

Para esses pesquisadores, porém, a tragédia ateniense tem uma significação essencialmente política.

Não sei se isso é verdadeiro ou falso. É uma moda atual; Nietzsche, parece-me, via as coisas de maneira diferente. Vernant e Detienne associam mitologia e tragédia, demonismo e tragédia, máscara de Górgonas e tragédia. Nós não possuímos nenhuma prova que nos permita saber por que não houve tragédia em Esparta ou em Corinto. Nenhuma hipótese aqui é operatória. É possível sempre adiantar que deviam existir vínculos. Segundo a muito discutida teoria americana de Else, Sólon teria fundado a tragédia compondo coros a partir da forma das leis. Teria a tragédia se originado dos ritos báquicos? Não creio que essas questões hajam fascinado a história do Ocidente. A tragédia grega é Ésquilo, Sófocles e Eurípides, sem os quais a literatura ocidental não existiria; é a morte de Sócrates, a cujo respeito, de maneira bastante curiosa, esses senhores têm muito pouco a dizer. Eu prefiro às análises deles a tese de doutorado de Kierkegaard, *O Conceito de Ironia Constantemente Relacionado a Sócrates*[1].

---

1. Essa tese data de 1841. Ver trad. por P.-H. Tisseau e E.-M. Jacquet-Tisseau, em *Oeuvres complètes*, Paris, Ed. De l'Orante, 1975, t. II, pp. 1-297.

9. POR QUE LER OS ANTIGOS?

Por que ler os Antigos? Essa questão sempre volta nos escritos de sua pena.

Eles não são antigos mas os ainda vindouros. Há uma frase magnífica em *Les Feuillets d'Hypnos* (As Folhas de Hipnos), de René Char, o mais belo dos textos inspirados pela Resistência, um texto que vai viver e sobreviver. Durante este período de guerra, invocamos Hipnos. Se a gente ignorar quem era Hipnos, se não se tem a decência de pegar um bom dicionário de mitologia para sabê-lo, nada de René Char, de seu papel, de sua luta pela vida e pela liberdade será acessível. Creio, sem ter certeza, que ele pensa em Píndaro quando escreve este verso, que na verdade não o é, esta frase lapidar: "A águia está sempre no futuro". Senti como que uma grande lufada de um bater de asas quando li essa frase pela primeira vez. Esta semântica gramatical é apaixonante: pode-se conjugar uma palavra, a águia, no futuro. A obra sempre nos precede. Não há um único mês no ano em que não apareça um novo livro, novidades, que são, aliás, desconstrucionistas, feministas ou estruturalistas. Ninguém compreendeu uma palavra de Ésquilo, Sófocles e Eurípedes. Na verdade, esses livros são apaixonantes... Ouvi alguém dizer que compreendia esses autores gregos e que sabia lê-los... Por que, depois da Segunda Guerra Mundial, Virgílio teve predominância sobre Homero? Sem dúvida porque nossas cidades destruídas, os povos apátridas não são tão homéricos quanto virgilianos. A guerra que descreve Virgílio e a derrota do imperialismo estão muito distantes do período homérico. Os gostos vão mudar. Uma história dos sentimentos e do psiquismo ocidentais pode ser apresentada por meio das relações entre Homero e Virgílio. Tomemos uma geração. Como é que ela lê Homero e Virgílio? Em que termos comparativos ela os aprecia? Nossa época é a de Virgílio. O poeta Lucrécio, sem dúvida o mais latino dentre os poetas, ainda deve ser descoberto. Por quê? Por acidente. Não dispomos de traduções adequadas de Virgílio em língua inglesa porque um grande poeta americano, que o queria traduzir, morreu sem tê-lo feito. Na França, a Sra. Jacqueline Riset acaba de publicar uma nova tradução de Dante que, por isso mesmo, vai entrar no debate poético. Muitas vezes, as traduções desencadeiam os acontecimentos. Os Antigos são ainda novidades. Os Antigos são aqueles do amanhã. Eu não sou filólogo como o é minha filha que, aos vinte e três anos, acaba de publicar um ensaio sobre Píndaro, porém, posso afirmar que numerosas dificuldades formais se encontram à volta do estudo dos Antigos e que nós perdemos certos meios de aí chegar. A mais-valia, entretanto, é tal – para empregar uma expressão marxista –, sua riqueza é tal que, mesmo se tivéssemos perdido a percepção imediata dos grandes textos, nessas obras, que definiram o alfabeto de nossas emoções, se desdobram e se acrescentam novas formas. Para fazer psicanálise, é preciso Narciso, Electra, Orestes e assim por diante. Eu estudei longamente esse problema em *As Antígonas*, há sete ou oito anos, e espero remodelar meu livro toda vez que surja uma nova Antígona, não importa quantas. Em toda parte, onde quer que seja nesse mundo, enterram-se os vivos, povos são oprimidos e arriscam a vida em nome de um ideal absurdo. Esse mito nos espreita para segredar-nos que ele é o alfabeto de nossa nova experiência, que esta será expontânea e imediata e mais fácil de ser vivida porque a mitologia está presente, latente, um recipiente de prata em que fluem pensamento e vida.

Foi essa a razão principal que incitou o senhor a trabalhar sobre a Antígona, *de Sófocles?*

Nesse momento, eu escreveria um livro sobre *As Bacantes*. Depois da guerra do Vietnã e da moda da droga, depois das *flowers children* e dos *hippies*, essa peça de Eurípedes é sem dúvida a que mais se representa. Seria interessante saber quanto tempo durarão os fenômenos de luta entre as gerações, entre drogados e não-drogados, entre a psicanálise e a religião. Quando reuni os elementos para escrever esse livro, as Antígonas eram dominantes na ideologia de então. Mas ele ainda está bastante incompleto. Minha filha tem uma inteligência de fato excepcional, mas, também, uma dureza para consigo mesma que lhe oferece a possibilidade de uma ascese. Sua especialidade de filóloga lhe convém, portanto, maravilhosamente e eu diria que o termo de Antígona se presta muito bem ao amor de um pai, daí por que, o livro lhe é dedicado. Quando Anouilh fala da pequena trigueira, não posso deixar de compará-la à minha Deborah.

A Antígona, *de Sófocles, encarna a essência da tragédia?*

Não. Eu tento explicar que essa *Antígona* encarna os conflitos fundamentais da época, da política, do sexo, dos estatutos, porém, nada é mais absoluto do que *As Bacantes*, de Eurípedes, do que o *Agamenon*, de Ésquilo. *Antígona* maximaliza e encarna os debates últimos.

III. A Linguagem e o Mundo

1. AS ANTÍGONAS

RAMIN JAHANBEGLOO – *Vamos agora conversar sobre as Antígonas. Seu trabalho é uma maneira de apreciar o problema da reflexão sobre o pensamento ocidental. Pode-se dizer que a idéia central de seu livro é uma linguagem do Ideal?*

GEORGE STEINER – Certamente não, nunca empreguei essa palavra. Eu não compreendo a sua pergunta. O que me atraiu quando escrevi esse livro, mas que me já fascinava desde o tempo de minha juventude e que com certeza fascinou Anouilh, é que a *Antígona*, de Sófocles, se tornou de alguma forma uma pedra de toque do debate político, mas também dos debates entre as gerações, entre a resistência e o colaboracionismo e, enfim, entre os homens e as mulheres ocidentais. O texto igualmente fascinou os grandes filósofos ao ponto de que, nem a filosofia de Hegel, nem a de Kierkegaard, nem a de Heidegger não teriam podido vir à luz sem ele. Por três vezes os filósofos críticos, ontológicos, escolheram essa peça de Sófocles como exemplo de demonstração. E, uma vez que meu trabalho sempre mostrou uma tendência a mover-se na orla da poética, da metafísica e da moral política, tomei nesse texto um exemplo de grande valor. Ora, é a tradução da Antígona por Hölderlin que coloca na sua mais absoluta radicalidade o problema dos limites da tradução, das liberdades do tradutor, da hermenêutica e da interpretação poética de um texto. Eu tinha a sensação de que vários conjuntos do meu trabalho e do meu interesse se combinavam, miravam-se neste ponto de encontro que é a peça de Sófocles.

É esta a razão pela qual o senhor escreve que a Antígona *está não somente ancorada em nosso imaginário, mas também em nossa gramática e em nossa línguagem?*

Eu me pergunto se certos momentos primordiais em que se operaram revoluções da sintaxe indo-européia não corresponderiam à evolução da mitologia. O *Édipo* não se lê como a ilustração de um conflito entre o "Eu" e os outros possíveis: a identidade do parentesco, o nascimento do pronome e do substantivo próprio? Eu leio em *As Antígonas* a gramática da dialética, ou seja, o desacordo e aquilo que será em seguida capital para Hegel, a negação. Leio no mito de Helena – que não subsiste em Tróia, exceto sua sombra, e que persiste em sua substância real e inocente no Egito – todos os verbos do subjuntivo e o que chamamos os contrafatuais. Assim, o cérebro humano efetua a descoberta vertiginosa segundo a qual a palavra pode enunciar as coisas contrárias aos fatos e que outros mundos podem ser construídos. Eu leio, ou melhor adivinho, no tema do *Narciso* o grande problema levantado por aquilo que diferencia entre a primeira e a segunda pessoa do singular do verbo ser. Leio no *Prometeu* a descoberta – que acho ter sido tardia – dos verbos do futuro, da futuridade como categoria filosófica e gramatical. Esse problema suscita inúmeras dificuldades e eu mesmo não sei como provar essa hipótese. Creio que houve relações muito profundas entre a gênese dos mitos arcaicos que compreendemos muito mal e o nascimento de uma gramática complexa, da conjunção e da declinação, que são as duas medidas de tempo nas gramáticas ocidentais.

No final de seu livro o senhor fala que nas peças de Sófocles há uma espécie de dissociação entre o pensamento e a ação.

É também uma especulação. É possível a existência de um mundo em que Antígona e Creonte pudessem estar de acordo, sem estar de acordo? Não há em Sófocles a obsessão de um entendimento além da linguagem? Certas ações concordantes não poderiam vir à luz a partir do momento em que a linguagem se cala? Como Spinoza o diz com bastante desdém, "as grandes querelas humanas são as querelas das palavras". Mas é precisamente a palavra que, definindo nossa posição e nossa situação existencial, aflora na poesia de Sófocles como todos os mistérios de uma grande poesia. Uma outra possibilidade existiria em um mundo em que as ações se perdoariam se não as definíssemos verbalmente dando-lhes seqüências no plano da semântica. O irreparável é a coisa dita. Pode-se imaginar que a contradição mereça a absolvição? Nem por um único segundo. As coisas se sucedem como em *Fedra*, de Racine quando Teseu profere esta maldição: "Se apenas eu pudesse fazê-la voltar para a boca". Mas é tarde demais, a palavra sai e ela mata como na *Antígona*. Anouilh, que se negligencia muito nos dias de hoje por razões políticas, escreveu peças em que brilha uma inteligência raríssima... Para adotar um tom de gracejo, digamos que eles se entenderam, que tudo dará certo, que Antígona retornará, que o corpo não será maculado e assim por diante. Aliás, Creonte tentará governar da forma mais normal possível, porém em meio a sua felicidade como a de um gordo titio barrigudo – ligeiramente vulgar – ele tem para com Antígona uma palavra imperdoável para lhe transmitir sua afeição. Antígona, de sua parte, não suporta que Creonte banque o tio. Ou seja, ela teria podido aceitar a bofetada, a condescendência com a qual Creonte lhe fala. Ora, é precisamente essa palavra mal introduzida que pode esmagar a heroína porque a coisa dita compromete. É isso que é notável em Anouilh: se Creonte tivesse esbofeteado Antígona, um perdão e uma reconciliação de um lado e do outro teria talvez advindo, o que é impossível após certas palavras. As grandes histórias de amor, as relações entre os pais e os filhos se desfazem em fumaça após uma palavra, uma entonação, registros ou tonalidades que são verdadeiros fenecimentos da alma, enquanto que elas se mantêm firmes, apesar de um ato inoportuno.

Resta o problema da universalidade de Antígona. Eu me pergunto se a personagem de Antígona, tal como o senhor a define em seu livro, é representável fora do pensamento ocidental.

Os fatos falam em seu desfavor. Há Antígonas japonesas, chinesas, eu recebo peças de teatro provenientes da Turquia onde se apresenta Antígona. Há as Antígonas africanas. Algumas provindas das prisões da Cape Town. Não existe uma língua que eu conheça nem um país que não criem a personagem de Antígona. Mas eu desejaria de todo o coração que o senhor tivesse razão. Infelizmente, é o Sr. Pol Pot que enterra os vivos, são as prisões de Baader-Meinhoff que se recusaram a devolver os corpos aos parentes das vítimas, pois os condenados haviam sido queimados em cal viva. São os corpos dos estudantes massacrados em Tien An Men, que não foram devolvidos às famílias. Os corpos desapareceram. Alguns dentre aqueles pais arriscaram suas vidas ao invocarem numa praça os nomes de seus filhos. É a quintessência da universalidade. Quer o drama grego assuma formas particulares, quer exista uma intensa localização na língua grega. Porém, milhões e milhões de pessoas que não sabem uma palavra de grego e que jamais ouviram falar de Sófocles viram com seus próprios olhos e viveram em sua alma o drama de Antígona. Poder-se-ia, muito ao contrário, perguntar se Édipo é um mito tão universal quanto Freud pretendeu. Os antropólogos, os etnólogos e os psicólogos – dos quais eu não faço parte – afirmam que o complexo de Édipo não existe nas culturas matriarcais. Eu ignoro se essa afirmação é verdadeira ou falsa, mas parece-me interessante constatar que Freud postulava ser o conflito edipiano *a priori* universal e axiomático. No que tange as Antígonas, pelo contrário, os exemplos são inumeráveis. O problema, o mais concreto possível, da inumação dos corpos nem sequer foi resolvido: enterram-se certos cadáveres e deixam-se outros no horror e na desgraça de não poderem ser reconhecidos pelos pais, pelos irmãos e irmãs que tentam desesperadamente prestar sua homenagem àquele que morreu. A novela que Derrida escreveu sobre o mito de Antígona é excessivamente curiosa e complicada. É uma forma de resposta a Hegel sobre as relações que o filósofo mantinha com sua irmã. *Glas*, de Derrida, nos ensina que quando uma família reencontra o corpo de um parente amado, uma forma ou, mais exatamente, uma figura primordial do outro se desenha, pois o morto é nomeado pelo humano. Não se trata, no entanto, de uma revolta contra a autoridade, porém do estatuto do morto na família, de sua representação pelo ser amado. É isso que distingue o crime e seu castigo da homenagem e do enterro. Antígona não admite essa distinção, ela recusa, em nome de uma ética do amor, sem que esta seja marcada pela revolta, de estar certa que o julgamento do além-túmulo será o nosso. Não há uma cultura que possa existir sem que o problema se coloque. Eu recebi, há bem pouco tempo, uma comovente peça teatral em que é representada, na Anatólia, uma greve nas minas de cobre que termina em fuzilamento dos grevistas enquanto as autoridades se recusam a devolver os corpos dos fuzilados às mulheres e às filhas das vítimas. Então, essas mulheres e filhas investem contra a polícia turca, aumentando assim o número de mortos. O que é extraordinário é o fato dessa peça de teatro vir à luz ao mesmo tempo em que se encontra em vigor uma censura impiedosa. Soube, por outro lado, que o que há de mais perigoso na China é murmurar, na praça Tien An Men, o nome de um filho cujo corpo desapareceu. Eis o drama de Antígona, em sua acepção moderna.

2. A TRAGÉDIA E O TRÁGICO

O que o senhor pensa da distinção entre a tragédia e o trágico?

De origem grega e shakespeariana, a tragédia se adapta às formas européias. Curiosamente as representações mais importantes do drama shakespeariano dos últimos vinte anos são as da cinematografia japonesa. Todo mundo está de acordo, na Inglaterra, em compreender os Lears e os Macbeths japoneses. No festival de Edimburg, no ano passado, a Medéia japonesa ultrapassou tudo o que se poderia ver no teatro de Epidauro. O Japão é em nossos dias o lar da tragédia grega e se o compararmos às mais belas noitadas de Epidauro, estas últimas parecem em relação a ele pouco inspiradas. A tragédia japonesa permanece uma adaptação, no entanto, ela é européia em sua origem, como o romance e a maioria das formas literárias, com exceção do lirismo e do épico. O trágico é, sim, universal.

Efetivamente, o senhor escreve em A Morte da Tragédia *que o trágico é universal e não a tragédia.*

125

Sem dúvida. Entretanto, a forma particular que nos permitiu exprimi-la pertence, ela, a um certo momento da história ocidental, que acho estar ultrapassada.

Existe uma relação entre a tragédia e o nascimento do pensamento especulativo, isto é, entre a poética da tragédia e a filosofia do trágico?

Certamente. Eu sou nesse domínio o herdeiro de mestres como Hegel que pensaram esse problema. A grande tragédia grega postula o insolúvel, a existência de problemas sem solução e de questões sem respostas. Quando esses dois elementos coexistem a tragédia toma corpo, segundo a belíssima fórmula de Hegel. Os gregos recuam diante de qualquer número irracional; é algo que lhes causa horror. Assim, sua matemática não transpôs o obstáculo que separa o irracional do incomensurável. O que eles negam no domínio da matemática, eles afirmam no da tragédia. O destino de Édipo, de Agamenon e das mulheres troianas são outras tantas questões que dizem respeito ao incomensurável. Todo o mundo tem razão, mas é a morte e o absurdo que têm razão antes de qualquer coisa, como se fossem a própria encenação do incomensurável que revelasse as questões sem resposta. Que Platão, tendo encenado a morte de Sócrates, não goste da tragédia, ao passo que é o maior dramaturgo que jamais existiu, é muito interessante. Em alguns de seus diálogos o drama, a encenação da existência humana com seus defeitos, suas ironias e suas angústias são do domínio de uma arte, que é das maiores. Houve, sem dúvida, laços pois não é de crer que um pensamento filosófico jamais tivesse de se confrontar com a fenomenologia do trágico, que é essencialmente ateniense. Por que a tragédia não coexistiu com o desenvolvimento na Ásia Menor ou na Sicília dos grandes pensamentos pré-socráticos e platônicos é um mistério que eu gostaria de resolver. Esse fenômeno resultou de uma localização extrema – de resto enigmática –, mas Kierkegaard, Nietzsche, Pascal e Heidegger têm muitas relações com o drama trágico, não os chamamos de "os filósofos trágicos" por acaso. A obra deles tece assim relações com o drama, seja de modo implícito ou explícito.

3. HEGEL E KIERKEGAARD

O senhor cita Hegel, Kierkegaard, Hölderlin. O que representa para o senhor A Fenomenologia do Espírito, *de Hegel?*

A resposta está contida no espírito do próprio Hegel: trata-se de uma Antígona que teria amadurecido o suficiente. Esse conflito foi retomado por muitos outros autores. Assim, a dialética do senhor e do escravo, que é, a bem dizer, hegeliana, mas já constitui temática constante da obra de Shakespeare, foi utilizada por Brecht em seu *Puntila*. Hegel diz viver uma dramaturgia do pensamento. Lucien Goldmann, infelizmente falecido, estudou as relações que ligaram Racine e Pascal ao jansenismo. Lukács é um filósofo da tragédia e do romance trágico. Os filósofos se debruçam sobre o incomensurável, como atraídos pela vertigem do abismo, sem sentir, à semelhança dos matemáticos gregos, o medo ou o desprazer.

No entanto, Hegel não pode suportar o que Schelling fez das contradições da tragédia grega. Houve no fim uma conciliação...

Não foi uma conciliação; sempre tive a sensação de que aí havia uma injustiça. Que nos dizem esses filósofos? Se, como afirmam, os dois heróis devem morrer, isso implica que todos os dois têm razão. Mas dessa colisão nasce o próximo estádio conflitivo da história da cidade. Mais rica e mais complexa, a cidade engloba Antígona. Doravante, ela organizará os funerais mesmo para aquele que tenha sido castigado. Novas dificuldades vão surgir pelo fato de Creonte e Antígona se encontrarem juntos no mesmo lugar. Essa filosofia não é da reconciliação. Como uma espiral ascendente, ela se volta para os problemas de uma complexidade cada vez mais importante. Derrida, em *Glas,* utiliza essas noções de primitivos e de incestuosos.

De fato, eu pensava no sistema hegeliano em seu conjunto.

É um sistema do qual só a gente pode aproximar-se com prudência. Tentei repensá-lo sob a égide de meu amigo íntimo e mestre pensador, Alex Philonenko, mas, também, estudando Ricoeur, Hipolite e Kojève. As besteiras se perpetuam, pois ninguém lê a *Enciclopédia* nem a *Ciência da Lógica* que são textos árduos. Eu mesmo não posso lê-los, senão sob a égide dos guias espirituais que citei. Napoleão assinala o fim da história nessa hipóstase em que o homem se compreende a si próprio, em que o homem opera com sua própria autoridade uma tomada de consciência. Efetivamente, um encerramento se efetua, porém, num outro sentido, poder-se-ia dizer que esse estado é tão inconcebível quanto o de uma finalidade utópica numa sociedade marxista, em que toda a luta de classes teria desaparecido. Esses elementos que marcam uma finalidade utópica não são nem ingênuos, nem grosseiros, nem complacentes. O pensamento hegeliano não se reconfortava, ele mesmo, a gente deve precaver-se de interpretá-lo com demasiada complacência para com uma possível reconciliação.

Eu esperava que o senhor fosse muito mais próximo de Schopenhauer do que de Hegel.

Eu o li, para dizer a verdade, muito pouco, com exceção de seus escritos sobre a música, que me são absolutamente indispensáveis, nos quais ele expõe com muita sutileza o budismo e o hinduísmo que me são estranhos. Essa abnegação da vontade, essa renegação de si, essa confluência numa espécie de aceitação oceânica não se encontravam nem no meu caráter nem no meu temperamento. Entretanto, sei de sua grande importância. É claro que eu li Nietzsche depois de Schopenhauer porque aquele vem após este, mas reconheço a profundeza de Schopenhauer no que concerne à música. Ele estaria presente em uma hipotética antologia de música que eu escreveria em consideração aos autores que deram avanço a esse problema fundamental. Como pode a linguagem pode falar da música? Essa diminuta antologia compreenderia algumas palavras de Platão, de Boécio, de Santo Agostinho, de Nietzsche e de Adorno. Schopenhauer viveu a experiência musical com uma lucidez, uma clareza e uma profundidade a que somente Santo Agostinho se iguala.

Há uma outra vertente de Hegel, que é Kierkegaard.

Leio sem cessar Kierkegaard, porém ele não existiria sem Hegel. Kierkegaard é aquele que trava uma luta corpo a corpo com Hegel. Ele admite perfeitamente a reticência de Hegel em relação ao fragmentário, ao individual e ao incompleto que o impele a construir um sistema, uma totalidade. Em sua *Enciclopédia*, essa vontade peculiar a Hegel de estabelecer uma totalidade manifesta-se pela aparição de um Deus que é Espírito – uma sutileza extrema permitindo a Hegel utilizar a palavra *Geist*. Derrida, em seu ensaio *Do Espírito*, Hipolite, Philonenko em seus trabalhos de metafísica transcendental, mas também Koyré e Gadamer analisam muito bem o significado dessa palavra em Hegel e Heidegger. Porém, em Kierkegaard essa hipóstase do Espírito não é uma revelação da presença transcendente de Deus. Tenho lágrimas nos olhos devido ao fato de as pessoas não o lerem, porque não se lê mais Kierkegaard. Contudo, para resumir, digamos que em *O Conflito das Faculdades*, Emmanuel Kant, nessa obra-prima tardia e muito pouco lida, está de acordo com Hegel sobre uma certa pequena nota liminar em que se diz que a voz que exige de Abraão o sacrifício de seu filho é uma voz diabólica, pois uma voz ordenando a um pai sacrificar seu filho não pode ser uma voz de Deus. Hegel o aprova, pelo menos no plano da evolução da consciência. Mas, Kierkegaard sublinha que a voz que exige de Abraão o sacrifício de seu filho é a voz de Deus, pois só existe Deus que possa exigir de um pai o sacrifício de seu filho. Há, portanto, dois momentos na história do pensamento. O primeiro, hegeliano e kantiano, é o do idealismo. O segundo, o da resposta mística de Pascal e de Kierkegaard, é encarnado naquela peça de Ibsen em que uma criança é morta e em que se reconhece Deus no fato de Ele ter levado a criança. Esses dois momentos são decisivos; pode-se passar a vida a efetuar uma escolha sem que a reflexão transite por quadros conscientes ou universitários. Se eu reescrevesse *Tolstói ou Dostoiévski*, eu completaria meu livro por notas liminares sobre Kant e sobre Kierkegaard. A escolha está nas mãos de cada um, esses dois pontos de vista se opõem; não se pode dar assentimento às duas proposições nem fazer delas uma síntese. Desse estrito ponto de vista, poder-se-ia dizer que Hegel deu à luz, na pessoa de Kierkegaard, a uma criança genial, porém uma criança que nega aquilo que dizia seu pai, a criança da revolta. Ele trava uma polêmica, ao mesmo tempo em que se rejubila de ver-se enfrentado por esse adversário temível. Imaginemos uma ficção em que estariam presentes, na aula inaugural de Schelling em Berlim, Schopenhauer, Kierkegaard, Engels, Bakunin, Turguêniev e Burckhardt. É necessário supor, com toda evidência, que não se conhecem entre si, mas que eles se reconheceram. A bem dizer, eu gostaria de escrever uma pequena novela sobre tal lição imaginária. As personagens reconheceram Bakunin porque ele era célebre na Europa pelo seu apelido "leão da anarquia" e porque acabava de se evadir de uma grande fortaleza. Os outros eram ilustres desconhecidos. Cada um modela a seu modo a história humana. É no mistério de semelhantes momentos que se desenha, como uma virada, uma possibilidade de inflexão do argumento humano. Talvez eu me dissesse, quando alcançasse a última etapa de minha vida: "Tive eu a imensa sorte de assistir a um momento tal como esse?" Os dialéticos pascalianos ou kierkegaardianos não teriam jamais apreendido o sentido sem a dialética hegeliana.

4. O SILÊNCIO E O SACRIFÍCIO

Podemos fazer um parêntese acerca de Abraão? O senhor o escolheu entre todas as figuras bíblicas e isso me fascinou. Da mesma forma, fiquei impressionado pelo tema do silêncio que volta em seu livro Como Calar? *A questão continua colocada: a provação de Abraão tem um sentido para os modernos que somos?*

O sacrifício não cessou jamais, pois a ação de *Como Calar?* se desenvolve em uma câmara de gás. Nesse texto que foi inúmeras vezes retomado, eu tento colocar algumas questões novas. Por exemplo, eu me pergunto se não se deveria tê-lo sacrificado para que Deus o ressuscitasse. Assim, ele poderia ter dito a Deus: "Tu não tinhas o direito de mudar de opinião no último momento, pois Tu me infligiste nos três últimos dias aquilo que nenhuma alma humana pode suportar. Então mostre-me que Tu podes ressuscitá-lo". Quando o Cristo ressuscita Lázaro, ele faz um homem voltar da morte. Se o filho de Deus possui tais poderes, Deus em pessoa deveria utilizar os mesmos dons para com Abraão. Minha pergunta é: o que é a ressurreição depois do horror? Deus não pode sustentar tal aposta. No momento derradeiro, o bode expiatório aparece, verdadeira manifestação de um *deus ex machina*. O texto que versa sobre o sacrifício está no centro não somente do debate judaico, mas também dos textos filosóficos. Hegel detestava visceralmente Abraão. Ele escreveu as páginas mais anti-judaicas da filosofia moderna, praguejando contra esse Abraão que abandona sua pátria e suas raízes, isola-se e transforma seu povo e sua progenitura num clã entrincheirado que faz lembrar um gueto em movimento. Há em Kierkegaard uma identificação constante com Abraão. Numerosos são os pensadores, os filósofos, os poetas que se debruçaram sobre esse tema. O próprio Kant não escreveu que Abraão se enganara de categoria e havia perdido o senso analítico ao seguir um caminho demoníaco? Em meu texto, tento demonstrar o quanto o sacrifício se repete. Os pais de confissão judaica tiveram de realizar uma escolha concernente ao destino de seus dois filhos, um tendo que ser deportado imediatamente e o outro podendo continuar a viver ainda um pouco. A história se repete. Os massacres se perpetuam na África, no Sri Lanka, no Oriente Médio e nas Filipinas, os Tigres tâmeis executam os filhos sob os olhos de seus pais. Este debate é, portanto, aquilo que se pode chamar de mais atual.

A idéia do silêncio é também muito importante no seu trabalho.

Mesmo antes de *Linguagem e Silêncio*, eu estudei uma série de questões. Adorno não havia ainda publicado quando, escrevendo *Le Miracle ceux* (O Milagre Vazio) contra a língua alemã, eu refleti a respeito do silêncio que se instala nessa língua alemã que, por sua sobrevivência, tornou-se obsceno. Não tenho necessidade de ler Adorno para chegar a essa constatação. Até que descobri Celan, minha resposta permaneceu negativa. Estava errado e estava feliz em meu erro. A poesia de Celan, certos pequenos textos de Primo Levi, os *Relatos da Kolyma*, de Chalamov, em três volumes, provam que eu estava errado. Os seres que encontram as palavras justas para dizer as coisas são excessivamente raros. Quando reconheci meu erro, senti um grande prazer em estudar Celan e Primo Levi. Penso, não obstante, que a coisa seria bela se o mundo houvesse decidido se calar vinte anos após a descoberta de Auschwitz. Por vezes, eu sonho com esse silêncio. Meu primeiro tema era o silêncio e o inumano, o segundo o silêncio na arte. Eu privilegiei a música pois tinha necessidade de saber mais sobre as pausas, os grandes silêncios, os brancos da música moderna, o que na teoria da poética de Derrida, depois de Mallarmé, chama-se "fratura", um traço que se apaga, uma ausência. Parece que esse branco se tornou essencial depois de Mallarmé, mas também que tinha já uma importância preponderante antes que a obra deste viesse à luz. Quatrocentos versos concluem a *Alceste*, de Eurípedes, em que a heroína permanece de pé sem dizer uma única palavra. Salva da morte, ela será devolvida a seu esposo Hércules, coberta em véus e silenciosa. A explicação técnica quer que não haja senão dois atores em cena. Que assim seja! Porém, a Alceste não tinha uma palavra a dizer ao seu marido indigno enquanto voltava das trevas. E se esse silêncio evoca o de Pílades mudo diante de Orestes que, no desespero, aproxima-se dele. Os gregos já afirmavam que, através do silêncio de Pílades, era o deus Apolo que se exprimia por sua boca. A problemática do silêncio existia bem antes dos modernos, mas ela empreendeu seu verdadeiro vôo depois dos simbolistas, da música aleatória e da música moderna. A temática de Hölderlin mostra que os mais eloqüentes são os mais silenciosos. A arte abstrata, a de Paul Klee, de Kandínski, ilustra a queda da matéria no silêncio com o qual ela tem ligações indissolúveis. Em terceiro lugar, eu diria que sou apaixonado pela temática do ruído, na cultura e na educação modernas. O respingo do ruído e a impossibilidade de reencontrar os espaços designados para o silêncio, seja na vida privada, na vida pública ou na educação que se dá às crianças, me parecem ser a mais grave poluição que a cultura moderna conhece. Para muitos seres humanos a noite se tornou tão ruidosa quanto o dia, um quarto silencioso, um inferno e uma tortura. Uma subversão total vai acontecer em nossa cultura.

133

Recusa-se então o próprio termo do silêncio.

Hoje em dia vende-se o ruído, ele domina o mercado como um objeto de consumo indispensável.

5. O FIM DA HISTÓRIA

Em seu artigo sobre a Europa do Leste, o senhor permanece muito pessimista com respeito às trocas que nós mantemos com ela. Segundo o senhor, estamos em vias de abandonar a promessa messiânica marxista por uma outra promessa que é a promessa californiana.

Absolutamente. A Califórnia não exporta o que ela tem de bom mas o que ela tem de *kitsch*, o ruído, os hambúrgueres e a Disneylândia. A maior Disneylândia do mundo vai ser construída a trinta quilômetros de Paris: a França quer dez outras mais! O ruído se organiza, torna-se uma constante de nosso mundo. A humanidade não imagina mais o que é a vida dotada de um ideal trágico. O marxismo, como o judaísmo, do qual é uma forma de heresia, como a cristã, lhe fez o elogio segundo o qual o homem poderia ser outro, melhor. A Califórnia responde ao homem para ser como é, de usufruir dos videocassetes, de sua piscina, das palmeiras, dos McDonalds, do sol. Por que não aproveitar aquilo que se pode con-

135

sumir? Fico feliz com minha idade avançada, uma humanidade que não tem mais fome de ideal pouco me tenta.

O senhor com certeza leu o artigo de Fukuyama sobre o fim da História.

Pessoalmente tomo a defesa desse senhor que cita Hegel, o que não é o cotidiano no Departamento de Estado de Washington. Sua idéia é, em certo sentido, bastante interessante. Se o capitalismo, a comunicação de massa, a ideologia mercantilista a dominam, o fim da História toma um sentido conflitivo sem que seja possível uma alternativa. Ele se engana, entretanto, num ponto que me fascina, qual seja, a presença dos fanatismos religiosos, verdadeiras labaredas que crepitam diante de nós. O Islão está em marcha. Estima-se em milhões o número de fundamentalistas americanos que, no Sudoeste e no Oeste dos Estados Unidos, esperam a chegada do ano 2000 à força de cultos sádicos e místicos cujo poder não tem igual senão na loucura que deles emana. Em Jonestown, há dez anos, oitocentas pessoas engoliram cianureto porque seu guru lhes havia ordenado de o seguir na morte, como os cátaros e os albigenses que cantavam nas chamas. Essas chamas todas crepitam ao redor de nós, na vacuidade humana, na vacuidade dos McDonald's onde queima o fogo devorador do fundamentalismo e dos avatares das religiões primitivas, sanguinárias. Não, a História não acabou. Ela acabaria se amanhã Meca decidisse que o McDonald's é mais importante que a próxima escola corânica. O sonho americano é um sonho diurno, um sonho acordado que se faz com os olhos bem abertos, é um sonho acompanhado de um *walkman*. O *walkman* é o sonho que nos engloba, quer transmita a última canção da moda ou uma publicidade para a Coca-Cola. A gente o leva à toda parte, para a rua, o escritório, deitados sobre uma cama. Não está dito que ele não obterá a vitória contra os mais fanáticos islâmicos que existam no Maghreb, e que cessarão de amar a ascese e a disciplina por darem preferência ao conforto material.

É a razão pela qual o senhor faz uma comparação, em sua obra No Castelo do Barba-Azul, *entre a ópera de Bartók e a atitude contemporânea.*

É a sétima e última porta, porém não abri-la nos é provavelmente impossível, pois o homem é um animal que transgride o interdito das portas fechadas. Nós realizamos essas entrevistas em Cambridge, nesse mês de julho desse fim de século. Os colegas afirmam que nós nos aproximamos de uma criação *in vitro* da vida. Se pudermos criar sistemas moleculares complexos, a sétima porta se entreabrirá e o *homo sapiens* entrará em uma nova ordem.

Isso seria um estado crepuscular.

Os otimistas predirão que os seres nascidos em provetas serão magníficos, terão corpos perfeitos e tornar-se-ão matemáticos de gênio. Nem o senhor nem eu o saberemos.

É fácil continuar a trabalhar sobre a linguagem?

Até o momento a linguagem escapa totalmente daquilo que serão esses robôs vivos, esses mudos. Ao fim de seus dias, Thomas Huxley, o maior defensor de Darwin, escrevia em seus *Diários* (Journaux): "Sei que nós não chegamos a compreender nada da linguagem". Após o triunfo da teoria darwiniana da evolução e de uma vida passada a celebrá-la, Huxley, que se apelidava de o buldogue de Darwin, teve a lucidez e a honestidade de constatar que não fizera nenhuma contribuição ao conhecimento da linguagem. Ele escapa a todo modelo de evolução genética molecular; é seu pai e sua mãe ao mesmo tempo.

6. AS DOENÇAS DA LINGUAGEM

No artigo sobre Günter Grass, em seu livro Linguagem e Silêncio, *li que uma língua como a alemã podia, através da experiência nazista, ser contaminada.*

Tudo que escrevi em *Depois de Babel* diz respeito a esse problema. Penso ter desenvolvido em todos seus pormenores o modelo do contra-dizer e do contra-factual. A poética da liberdade humana está indissoluvelmente ligada à mentira, esta mentira que nos permite viver em suas formas as mais nobres que são a ficção, o poema e a utopia. Escapar do pragmatismo é o que oferece a mentira, cuja definição dada por Swift é de dizer aquilo que não é, *To say what is not*. A mentira está presente no Evangelho, no salmo, na parábola, na obra de Dante ou no poema de Celan, mas também nesta publicidade que invade nossa vida, na propaganda política, na pornografia. Sua gama é tão extensa quanto o próprio dizer humano. Lendo o quarto livro de *Gúliver*, compreende-se que somente os cavalos sagrados, utopia final e satírica, não podem mentir. Porque ser homem é dizer ao outro aquilo que não é.

O senhor se lembra com certeza daquele artigo de Octavio Paz que fala da moléstias da linguagem. Se bem que seu campo de investigação seja a América Latina, pode-se talvez operar uma aproximação com o seu ponto de vista.

Octavio Paz é um grande poeta que se ligou, como Roger Caillois, ao estudo do mito, enriquecendo-o com seu conhecimento do Oriente e da literatura francesa. Acabo de terminar a leitura das *Giffords Lectures* (Conferências de Giffords). Trata-se de conferências de filosofia anglo-saxônica, porém não-anglicistas aí contribuíram igualmente como Gilson e Bergson. Tentei, portanto, compreender a distinção entre o verbo "criar" e o verbo "inventar". Eu chego aí ao problema que o senhor lembrou. A questão é saber por que a língua inglesa admite a expressão "Deus cria o universo" e exclui a frase "Deus inventa o universo". Ninguém, até o presente, debruçou-se sobre tal problema. Acontece que algumas teorias de ficção se aproximam das polaridades existentes entre esses dois verbos e as estudam. Dostoiévski, bem antes de mim, afirmou que nós éramos homens livres porque nos é possível dizer não à realidade. Dois e dois perfazem cinco. Se me recusam o direito de enunciar essa proposição, eu fico reduzido ao estado de um molusco que só pode pensar ao abrigo das tautologias e de suas definições absurdas. Eis a filosofia de Chéstov, que volta ao primeiro plano da cena. As grandes coisas dormem um pouco antes de saírem do purgatório. Atualmente, descobrimos um pensador e poeta notável. Benjamin Fondane, discípulo de Chéstov, que deu a conhecer seu mestre. Eu lhe faço uma profecia, a de que através de Levinas, Philonenko e Chéstov o infinito do Sr. Sollers vai bater à nossa porta. Aquilo que existe em nós de afinidades com Jó e Kierkegaard nos revelará até que ponto a liberdade trágica do homem vem do contra-dizer e do contrafactual. O gênio de Borges consistiu em situar as mais belas de suas ficções nesses outros universos que eu próprio posso alcançar supondo que posso abrir um mundo tomando em consideração o possível do hipotético.

7. A CRISE DA EDUCAÇÃO

Como professor, o senhor se ressente da crise da cultura; a crise da educação também o atinge?

Se situo meus propósitos em um nível mais elementar que seja, se falo para qualquer um deles, nenhum estudante, nenhum burguês, nenhum privilegiado entende uma alusão a um clássico ou à Bíblia. Eles nada leram. Tudo lhes deve ser explicado. Poder-se-ia inventar um exercício razoavelmente divertido que consistiria em afixar numa parede uma vintena de edições da obra de Shakespeare, edições que teriam sido publicadas entre 1850 e 1992. A cada reedição as notas preliminares se tornam cada vez mais longas e cada vez mais elementares. Há vinte anos, a última edição de um livro de bolso anotava que Afrodite era uma vênus, pagã, deusa do Amor. À medida que as notas preliminares se multiplicam, o texto torna-se cada vez mais fino e cada vez mais longínquo; ele se oculta num oceano de comentários elementares e se afoga, numa outra escala, num mar de erudição. A crise é tal que é preciso explicar de A a Z, pois é impossível hoje em dia ler os clássicos e os textos importantes sem dar aos estudantes exercícios escolares de estágio elementar para lhes facilitar o acesso. Isso implica numa eventualidade temível: os textos muito importantes ficarão reservados aos felizes monges que saberão lê-los e apreciá-los entre si, nos locais de leitura e nos seminários de especialistas, à semelhança do que acontecia entre o século VI e a Renascença, em que apenas os grandes mestres suíços liam Horácio, Cícero, Tito Lívio e Plauto. Por certo não seria uma catástrofe. Conhecemos um período bastante longo, depois do início do século XIX, em que cada um se achava capaz de ler tudo, na euforia da facilidade e do factício. Mas não, decididamente não. Os locais de leitura surgirão; poderemos aí aprender a ler outra coisa além da mensagem televisual ou um jornal. As universidades continuarão a difundir a cultura científica, porém o destino das Letras e das Humanidades é mais duvidoso. É assim a forma que o conflito fundamental se desenha nos Estados Unidos. A revolta das massas contra a democracia e contra todo ato de autoridade se perfila na recusa da referência, da citação ou da alusão. Eu sei perfeitamente até que ponto a citação é um ato de autoridade e eu sigo esse debate me imiscuindo nele por vezes. No entanto, a questão é de saber se uma cultura, propriamente laica, é muito mais profunda, uma cultura cujos valores são a dificuldade e a beleza e, para citar Spinoza, digamos que toda coisa excelente é rara e difícil. Em uma democracia laica, a dificuldade vem da adversidade política. Ela distingue aqueles que podem segui-la daqueles que não a podem. Uma cultura laica e democrática permite ler as histórias em quadrinhos, o que é uma opção de meus colegas americanos, ou de se consagrar a Shakespeare. O Sr. Rorty insiste na liberdade de escolha, ele a converte em sua filosofia. Eu mesmo participei de um debate público para saber em nome do que praticar essa política, para julgar qual, de Shakespeare ou de uma história em quadrinhos, é a melhor leitura. Essas questões nascem da ilegitimidade. Não há nome que possamos invocar no respeitante a uma ontologia laica do profano, a não ser seguindo uma curiosa mística vitoriana que pretende que o ser se torna melhor se chega, ao mesmo tempo, a ler Shakespeare e a escutar Mozart. Essa é uma idéia que tenho combatido em toda a minha obra. Pode-se amar Shakespeare e Mozart e torturar ao mesmo tempo. Segundo um Rorty ou um Dewey, em uma sociedade que sofre de graves problemas políticos, a leitura de belos textos e a escuta da música desenvolvem certas características de tolerância e de polivalência. O pragmatismo americano afirma, por sua vez, que nossas democracias se tornaram tão complexas e tão polivalentes que a experiência artística e o exercício do debate filosófico preparam o cidadão para ser um homem mais completo. É um argumento bem interessante que permite abrir uma discussão. Em *Presenças Reais*, eu tentei mostrar que um universo que exclui todo esquema de transcendência, que não sublinha com Platão que a beleza é difícil porque é transitória, conduz a educação, isto é *educare*, "levar", "conduzir", mas, também, "alimentar", a um impasse. Em certos momentos, estou persuadido de que a felicidade que sinto em partilhar meu gosto pela leitura com alguns não tem nenhuma justificativa além de uma séria tomada de consciência de um hedonismo e de uma estética da vida que teriam como equivalente a alegria de jogar uma boa partida de xadrez. Por vezes, eu comparo minha vocação de professor àquela dos noventa e cinco porcento de universitários que não a tem, eles que eu classifico de assassinos da esperança e da perfectibilidade dos jovens, de quem eles tiram a possibilidade de conhecer o sacerdócio emanante de cada professor, fonte de toda verdadeira educação.

O relacionamento entre o mestre e o aluno talvez não exista mais porque o problema essencial da sociedade democrática se tornou aquele que questiona a autoridade da tradição.

Eu lhe convido a vir assistir meu seminário em que o senhor encontrará, como em outros, a autoridade e a tradição. Por um puro produto do acaso eu me encontrava, nos anos de 1968 e 1969, em Harvard e em Frankfurt, que estavam sendo sacudidos pela agitação estudantil, sem me defrontar com a mínima dificuldade. Pedi a meu auditório que me concedesse dez segundos antes de iniciar meu curso e eles ficaram intrigados. Ficaram, ainda mais, quando encarei o fato dizendo-lhes que poderiam fazer algazarra e sair, porém não antes que os dez primeiros segundos se tivessem escoados. Apresentei-me a eles como alguém que sabia tudo, enquanto que eles quase nada sabiam. Acrescentei que havia prestado diante de Deus o juramento de verter essa equação em favor deles. O silêncio foi quase religioso. O revoltado e o rebelde têm com relação à minha pessoa o respeito o mais absoluto, eles me escutam, talvez dizendo a si mesmos que eu sou um louco, pois sentem como um cão que eu não tenho medo deles e que estou possuído por minha vocação. Os anos de 1968 e 1969 desmascararam essas gerações de falsos intelectuais que haviam traído sua vocação, que queriam uivar com os lobos, ser mais jovens que os jovens e ser aprovados por Eros. Tratava-se, bem ao contrário, de dar a outrem aquilo que se tem dentro de si, de deixá-lo viver para que ele possa escolher qualquer coisa. Se ele sente que é um chamado, uma *Berufung*, uma somatória mais do que uma vocação, que a escolha não existe, como um poeta não escolhe escrever um poema nem um músico o de dançar à noite, as coisas vão bem. Eu posso lhe assegurar, ao cabo de minha longa experiência pessoal, que não tive jamais a menor dificuldade. Os revoltados podem me considerar como um louco arcaico, mas estão prontos a respeitar minha loucura, pois ela se manifesta e se declara honesta e abertamente. Não é preciso pretender ser um deles. Falo dos professores expulsos de suas salas de aula. Falo dos professores de universidade. Creio que o corpo docente tem meios para resistir a estas provas, mas ele sofreu uma tal debandada de sua alma, que já aceitou o juízo niilista lançado sobre sua profissão antes mesmo que a crise adviesse. Eu respondo aos meus estudantes que desejam ser docentes que as atuais circunstâncias profissionais são das mais angustiantes. Eu lhes conto uma fábula a esse respeito. Eu lhes proponho efetuar um teste pegando um trem fedorento e de se sentarem em um vagão da segunda ou terceira classe. O país pode ser a Espanha do Sul, o Peru ou a Indonésia. Ora, eis que o trem pára, seja porque ocorre uma pane devido à falta de água, seja porque não é possível ao maquinista entrar na estação. A atmosfera, cada vez mais, vai se aquecendo. Se esses estudantes contarem em voz alta uma pequena história ou expuserem um de seus temas prediletos e se revelarem capazes de manter em suspense esse auditório, trancado em um vagão de terceira classe, eu lhes digo que devem entrar nessa profissão. Se careteiam ante a perspectiva de enfrentar eventualmente semelhante prova, o ensino não é, em caso algum, o caminho que devem trilhar. E é necessário, para prender esse auditório, convencê-lo de que dizer aquilo que se está dizendo é tão natural quanto respirar. O teste consiste em dar ao público a impressão de se entregar a ele, de estar no ponto de mira de sua atenção e de sua escuta.

Não basta ser um homem de conhecimentos, é preciso igualmente ser um bom pedagogo.

É preciso ser um doador, é preciso ser um pouco louco, é preciso estar nu e jamais ter vergonha de sua nudez. Foi assim que o enfarto de Adorno revela uma grande subversão das coisas: três jovens se despiram diante dele e ele sofreu um choque. Ouso dizer, sem estar perfeitamente convencido disso, que eu teria também me despido. Eu teria achado perfeito esse face-a-face e afirmado que se o ridículo queria me fazer de refém, eu faria a dádiva de me doar agradecendo a essas três jovens. Mas nada havia preparado esse grande mestre a uma tal lição. Todo teórico da cultura deve ter em mente esse momento tão triste.

A seu ver os revoltados de 1968 não fazem parte das Antígonas?

Alguns foram heróicos. Os estudantes muçulmanos deviam ter gritado nos ouvidos de Cohn-Bendit: "Nós todos somos judeus alemães". Depois do pós-guerra, é sem dúvida alguma um momento de epifania da história e de esperança. Um dos raros momentos em que disse para mim mesmo: "O vento muda e a humanidade tenta se tornar um pouco mais humana". Esse momento não durou muito, mas, no entanto, ele veio. Houve as Antígonas, mas elas não tinham diante delas os Creontes convencidos, eram falsos Creontes.

8. HÖLDERLIN E A LINGUAGEM

Volto um pouco às suas Antígonas. Pode-se falar delas a propósito de Hölderlin?

Três feixes de fatores marcam a importância de Hölderlin, os problemas de tradução, o país alemão e Heidegger. No que concerne à tradução de que se fala pouco – assim como se ignora que Píndaro veio antes de Sófocles –, Hölderlin levou suas experiências de tradução até o limite da interpretação metamórfica de transmutação dos valores. Assim nasce a teoria hölderliniana, segundo a qual a tradução deve se aproximar o mais possível da estranheza. Walter Benjamin afirma que o Sófocles de Hölderlin é o fundamento de toda a tradução, isto é, da interlinearidade do texto entre as linhas da terceira língua que subentende duas línguas, a língua-fonte e a língua-alvo. Atualmente eu preparo uma reelaboração de *Depois de Babel*, trabalho que terminei há dezesseis anos. A Editora Oxford deseja que meu livro fique ainda mais recheado, o que me lisonjeia e me honra. *Depois de Babel* tornou-se um clássico no domínio da tradução e deu origem a numerosos debates e críticas. Hölderlin representa o símbolo de uma apreensão do texto original em profundeza. É a prática de todos os estágios de incursão rumo à loucura que fazem dele o tradutor que conhecemos. Benjamin teve uma visão mágica quando sugeriu que as portas das línguas se fecharam por trás dos tradutores; mostrando demasiada audácia na apreensão da interzona entre as línguas, ele não pode voltar para dentro de si mesmo. Em segundo lugar, pode-se examinar as relações que uniram Hölderlin e a Grécia. A Europa sempre conheceu relações duvidosas com a Grécia antiga. Hölderlin era o mais helenizante e o mais alemão dos poetas. Atraído por esses dois pólos culturais, ele reinventou a Grécia. O Dioníso de Nietzsche vem de Hölderlin. O engajamento de Martin Heidegger desmorona, os alemães assim como os nazistas, repelem-no. É assim que em terceiro lugar o memorando aparece. Eu tentei encontrar aí o nome de um homem de gênio que tenha tomado parte na Gestapo quando esta ainda estava em seus prelúdios. Há um ou dois anos saiu da sombra um memorando escrito em 1934, no quartel general da Gestapo de Berlim, memorando que versava sobre as atividades de Heidegger quando se demitiu do reitorado. Perguntaram-lhe quem ele era e o que poderia valer um homem que praticava o nazismo de uma maneira solitária, isto é, nada. O golpe de gênio consistiu em se justificar em 1934. O nazismo de Heidegger é idiossincrático, idiolético; ele era nazista muito antes de Hitler e essa ideologia fascista compreendia uma mística terrena. Ele recusou o biologismo como a última das vulgaridades, sua concepção do nazismo saía de um nacional-socialismo platônico. Uma semelhante inteligência é de uma tal acuidade que ficamos sem ar. Eu me pergunto quem era esse oficial da *Gestapo* que resumiu a posição política de Heidegger em uma frase lapidar que invertia o "bom para nada" em "bom ariano". Quando se desmorona o sonho megalômano de Heidegger de ser o Platão do novo Reich, de ser o *Führer* do espírito – pois como professor universitário, ele possuía todas as vaidades de sua profissão, inclusive a de ser um mandarim –, volta-se para Hölderlin e começa, pela inteligibilidade de um poeta, a longa viagem que o conduzirá às fontes do ser. Hölderlin foi para ele uma leitura tão indispensável quanto a prática de René Char que ele exerceu até o dia de sua morte. Ele viu em Hölderlin o que nenhuma filosofia podia esperar, ou seja, uma experiência do logos imediato, um desvelamento da verdade operado por uma aproximação com o mistério do ser. Trinta anos de exegese de uma obra poética por um filósofo, eis, portanto, uma das razões históricas pelas quais eu sinto um interesse incessante em relação a Hölderlin.

Li recentemente nos Cahiers de l'Herna *um artigo de Jean-Michel Palmier que critica sua visão de Hölderlin.*

Não vejo do que possa se tratar.

Jean-Michel Palmier o critica por haver escrito: "Heidegger impôs a Hölderlin uma veia de misticismo nacionalista que encontra poucos fundamentos no poema como tal".

Exatamente. Trata-se da exegese dos poemas intitulados "O Reno" e "Baco". Os trabalhos mostram que o texto de Hölderlin sofreu uma distorção total e que ele não gabava os méritos do nacionalismo suábio. Juntaram na mochila do soldado alemão um breviário de Hölderlin e um breviário de Nietzsche, assim como certos comentários ultranacionalistas de Heidegger. São leituras tão falsas quanto um bom número de leituras pré-socráticas. Apesar de eu não ser, nem por um cêntimo, desconstrucionista, penso que existem leituras falsas, violências exercidas contra o vocabulário e a sintaxe de um poema.

Não há uma ingenuidade lingüística em Heidegger, sendo ele próprio um mestre da linguagem, quando fica fascinado pela linguagem de Hitler?

Não conheço nenhum texto que estude a linguagem de Hitler. Uma observação de Heidegger a Jaspers me parece grave: "Hitler tem mãos tão belas". Aparentemente, as mãos de Hitler eram bastante femininas para terem sido notadas também por outras pessoas. Heidegger jamais disse uma palavra sobre *Minha Luta*. Ele nunca estudou os discursos de Hitler, ainda que estivesse muito interessado em saber o que

149

esse berro de gênio significava. Não havia um só nazista que tivesse lido uma única página de *Ser e Tempo* e que a tivesse compreendido. Não foram nem o estilo de Hitler nem seus discursos que aproximaram Heidegger do nazismo.

E quando ele mesmo afirma que "o Führer *é a única encarnação e a única encarnação futura da ação alemã"?*

Esta afirmação era correta no momento em que Heidegger a formulou, mas ele próprio desejava ser o *Führer* espiritual da Alemanha, o que em 1933 era uma hipótese verossímil. Em um artigo intitulado "Heidegger de Novo", tentei mostrar que seis balizas apareceram entre 1919 e 1934, de uma violência estilística inusitada. Foram o grande livro judaico de Rosenzweig, *A Estrela da Redenção*; *O Espírito da Utopia*, de Ernst Bloch; *Der Römerbrief*, de Barth; *Ser e Tempo*, de Heidegger; *Minha Luta*, de Hitler e *O Declínio do Ocidente*, de Spengler. Essas obras levam a linguagem até os confins da violência, até os extremos do absoluto que são dois dramas de linguagem, pois eles põem em cena uma tragédia apocalíptica. Cada um desses livros é praticamente um Leviatã do insólito, parecido às montanhas graníticas que surgem de uma terra vulcânica em ebulição, vertendo de repente magma e chamas. Quando Barth diz que Deus é aquele que diz não ao mundo, pode-se pensar que se trataria de uma frase heideggeriana. Quando Bloch, Rosenzweig e Spengler falam de hipóstase pura da aurora, eles estão reagindo ao colapso de 1918, ao desmoronamento do Império e da cultura alemãs. A Alemanha só se refez inteiramente pelo esboroamento do muro de Berlim, no último novembro, sendo que a Segunda Guerra mundial representou um episódio ocorrido após a derrota de 1918. Em 1948, a Alemanha, de novo próspera, possuía a moeda mais confiável da Europa. Uma sucessão de fatos se estabeleceram, *in extremis*, da noite de 9 de novembro de 1989, que assinala todos os inícios da revolução de uma Europa oriental, até a escritura desses livros que colocam a ênfase sobre a particularidade da língua alemã. Em Splenger, é o fim, em Bloch, Rosenzweig e Hitler, é a ascensão do sol, a Aurora, enquanto que Barth sublinha o momento da partida de Deus, aborrecido com o homem. Esses livros são uma constelação de buracos negros, bebendo matéria, engolindo a substância da língua.

A nação alemã teria, pois, caído na armadilha de sua própria língua?

Talvez não se tratasse de uma armadilha. A Alemanha está mais forte do que nunca, ela dominará o resto da Europa. De onde lhe vem essa energia demoníaca? De onde vem o *toedium vitae* da Inglaterra, o triste tédio? De onde vem esse espírito parasitário da cultura francesa, nota liminar do pensamento alemão? De onde vem nossa fadiga, enquanto que além-Reno a Alemanha oriental será, em dez anos, uma grande potência econômica? Os japoneses podem estimar o tempo dessa reconstrução em doze anos, ela não durará muito mais tempo. É o fênix que se nutre das cinzas de Auschwitz, um pássaro devorador de cinzas.

E o senhor acha que isso continuará assim?

É evidente que o rerguimento dará seus frutos. Há dezesseis meses, ninguém pensaria um único segundo que a Alemanha se estenderia de Estrasburgo até a linha Oder-Neisse e que Berlim seria a capital da Europa.

Para falar com toda a sinceridade, eu não teria acreditado. Porém, quando o senhor afirma ser um sobrevivente, o senhor se mostra muito pessimista em relação às gerações futuras.

Eu gostaria de que o senhor citasse essa imagem dos "buracos negros", pois parece que a energia deles é a tal ponto inimaginável que podem devorar a matéria e a luz que os envolvem. Sua densidade e sua radiação tornam-se infinitamente mais poderosas do que os raios visíveis. Foi erro não ler *Minha Luta*. Que diz ele? As coisas mais poderosas no mundo que são a idéia e a palavra. Dever-se-ia lhes prestar tanto mais atenção quanto elas se revelaram exatas. É a razão pela qual construí meu romance em torno de uma imagem muito simples, uma péssima foto de amador que foi extraída,

151

a meu pedido, de arquivos datando do início do ano de 1920. Vê-se aí um homem cujo aspecto é de um mendigo, apoiando-se sobre a borda de um passeio, em Munique, e usando um velho impermeável usado e sujo, bem como um chapéu amassado. Seus berros são os de um bêbado. As pessoas passam diante dele. Chove e as pessoas passam. É a primeira foto que se tem de Hitler, apostrofando seu mundo na esquina de uma rua. Dois anos depois, dez pessoas se detiveram, depois dez mil, depois dez milhões. Ele não tinha nem arma nem dinheiro, somente uma língua. Ele nos advertiu: a idéia e a palavra são muito mais perigosas que o restante. Segundo os historiadores, nove testemunhas assistiram à crucificação de Jesus Cristo. Um pouco mais tarde, houve mais. A palavra constitui a força de uma nação. É a matéria e a antimatéria, a colisão e a destruição. A Cabala nos ensina a jamais pronunciar o nome de Deus, pois Deus estaria então presente entre nós. O vocabulário inglês acoita uma outra palavra – que o francês ignora –, *unsaid*, ou seja "des-dito", pois não existe nele o verbo "não-dizer". Eu especulo em meu romance sobre a quase certeza de que Hitler conhecia essa palavra.

Para voltar a Hölderlin, o senhor diz que a Antígona *é, a seu ver, um documento teológico e político.*

Exatamente. Eu dou a explicação disso em *As Antígonas* e *Depois de Babel*. Devo a Walter Benjamin ter compreendido a importância de Hölderlin, como ele a expôs em seu *Ensaio Sobre a Tradução*, que permanece um texto guia para o pensamento moderno. Atualmente, trabalho sobre as traduções de Celan, que manifesta o espírito de Hölderlin, porém de maneira diferente. É um dos maiores tradutores na história do pensamento, de Hungaretti até Valéry, de Rimbaud até Montale, sem esquecer seu Shakespeare, que é incomparável. Hoje em dia, a ameaça vem de Babel, a ameaça vem do anglo-americano que se derrama sobre o planeta inteiro tendo por escória um esperanto comercial, atualmente, as questões de tradução se tornaram cruciais, englobando a política, a ideologia e a metafísica. *Depois de Babel* mostra o que pode ser uma política larvada e eu devo muito a Hölderlin.

152

9. A TRAGÉDIA E A REVOLUÇÃO

Quando o encontrei em Genebra, há alguns meses, o senhor me disse a seguinte frase: "A tragédia é de direita, a tragédia não é jam ais de esquerda". Na época, eu não havia compreendido muito bem o que o senhor queria dizer com essa frase.

Por esquerda, eu compreendo a esperança do progresso, a melhora do homem, sua perfectibilidade. O discurso da esquerda consiste, por exemplo, em fazer desaparecer o rei Lear, sob pretexto de que, no domínio da psiquiatria, serão descobertos cuidados a fim de curar a senilidade ou o mal de Alzheimer. Construir-se-ão asilos em que se cuidará das pessoas idosas, elas não mais caminharão em noites de tempestade, perseguidas pelo ódio de sua descendência. Os conflitos trágicos existem segundo a esquerda, mas ela está sempre pronta a organizar colóquios a fim de melhorar, pelo viés das reformas, as condições de vida que foram dadas por ocasião do nascimento. Ela está com a Mãe Coragem de Brecht ao considerar que é inútil chorar, a menos que se queiram parecer tão idiotas quanto pequeno-burgueses, pois é dito aí que é ela que tem todos os defeitos. Todos os filhos morrem por causa de uma economia de guerra e é preciso substituí-la por instituições marxistas nas quais não haverá mais lugar para o tráfico de armas. Está aí o contrário mesmo de toda visão trágica. Está aí o contrário mesmo da visão de Joseph de Maistre, segundo a qual o pecado original não pode ser reparado nem pelas instituições sociais nem pela terapêutica.

A tragédia sempre esteve presente como ideal para os revolucionários. Durante a Revolução Francesa o caso dos jacobinos é muito marcante.

Não houve tragédia durante a Comuna, mas progresso e esperança. Uma das mais belas frases revolucionárias que existem nos vieram de Saint-Just: "A felicidade é uma idéia nova na Europa". Durante o Terror, em Paris, representavam Fabre d'Églantine, a comédia triunfa. Não houve tragédia revolucionária. Uma revolução pode ser um drama atroz, as perdas humanas podem ser consideráveis sem que, no entanto, o trágico venha à superfície: tudo é colocado a serviço da esperança. Uma vitória conclui *L'Espoir*, de Malraux . Eu não conheço técnicas revolucionárias na tragédia. O mundo de Hamlet, de Lear e de Otelo não tem nada a ver com a revolução.

O teatro de Brecht é um teatro trágico, em sua opinião?

Absolutamente não. Seu teatro é um teatro de esperança, uma didática como ele próprio nos diz. Em o *Pequeno Órgano*, ele nega a noção de tragédia: ele quer nos ensinar aquilo que criou o desastre a fim de evitá-lo. Sua mensagem é a da Razão. Não chorem sobre a Mãe Coragem e seus filhos mortos, é culpa dela.

10. A PRESENÇA DE SHAKESPEARE

Podemos falar de Shakespeare que está tão presente em sua obra?

É um dos meus pontos de referência. À medida que eu envelheço, que leio Shakespeare cotidianamente, seus *Sonetos* tornam-se para mim primordiais. Eu percebo em que grau cada soneto faz parte integrante da obra, a tal ponto que não se pode abstrair um sem destruir a obra. Eis o que estimo ser a quintessência de Shakespeare, sem enunciar um mau paradoxo: o grande Shakespeare que se ressente interiormente é o dos *Sonetos*. A apreensão por computador revelou que ele utilizava vinte e quatro mil e oitocentas palavras. A rivalidade, na literatura inglesa, de Joyce e de Milton é artificial, Joyce se servia do latim e Milton do dicionário. Shakespeare escreve espontaneamente, Rabelais um pouco menos, enquanto Racine empregava apenas duas mil palavras. Eu faço com que meus alunos reflitam sobre essa diferença. Shakespeare é um homem que afirma que todas as profissões, todas as épocas, todos os pontos de vista podem ser recolhidos nessa rede de palavras que ele lança como um pescador. Para ele, nada no universo humano escapa à palavra e ao dizer. Tudo está ali quando ele puxa a sua rede. Ele tem nas mãos cada um dos peixes nadando na totalidade cósmica. O mistério é tanto maior que nada se sabe dele. Para este homem tudo está por dizer, e para Wittgenstein trata-se de provar que os limites do mundo são os limites da linguagem. Cada província pertence ao mundo de Shakespeare, cada continente, cada oceano, um verdadeiro mapa-múndi! Ele ultrapassa a todos, pois, através de sua obra, é o próprio mundo que se interessa pelo animal lingüífero e simbólico que nós somos. Ele apresenta provas da última possibilidade do dizer. Ele nos ajuda igualmente a compreender uma das sentenças mais árduas de Aristóteles, que a gente cita pensando que é evidência para cada um. Eu chego a ficar mais espantado do que meus contemporâneos porque tenho em mim uma parcela de grandeza, ainda que seja a mais ínfima possível. Meu espanto diante das coisas não se esgota por um único segundo. Todos os manuais citam a frase de Aristóteles, no capítulo VI de *A Poética*: "A poesia é mais verídica do que a história". Essa frase não cessou jamais de me espantar, desde o primeiro dia em que tentei compreendê-la. Aristóteles nos ensina que a ficção é mais verdadeira que a queda de Alcebíades narrada por Tucídides. Isso merece uma explicação. É demasiado simples acompanhar Corneille afirmando que as universalidades e as generalidades encontram lugar na ficção. Porém, eis-me em Veneza, vejo que é a cidade de Shakespeare, do *Mercador*, do Rialto. Ouço pessoas perguntarem o que há de novo no Rialto. Vejo-me em Verona e sei desde a minha chegada à estação que é a cidade de *Romeu e Julieta*. Shakespeare nunca esteve lá. Ele criou Verona e Veneza quando elas já existiam. Ele criou aquilo que não fazia outra coisa senão existir. Eu chego a compreender a história inglesa. Os historiadores narram que Ricardo II abdica e que Ricardo III mata Eduardo V. Eu nego completamente esses fatos, tenho em minha casa vinte e oito arquivos; nada prova que isso se passou dessa forma. Shakespeare forjou a história inglesa. Nossos reis são os de Shakespeare, nossas batalhas são as de Shakespeare. Ele não conhecia nenhum desses arquivos. Nem mesmo sabia o que era um professor de história. Shakespeare surgiu não importa em qual situação, não importa em qual política. Nossos ciúmes são os de Otelo; nossas senilidades, as de Lear; nossas ambições, as de Macbeth. Nós vivemos na jactância de sua visão. Nós entramos no molde de suas previsões. A ficção oferece possibilidades de identificação à vida: nós identificamos nossa situação pela ficção mais do que pelo documento. A história não é nominativa. O Gênese diz que os animais e os seres do Paraíso são assim como Adão os denominou. Imensa tautologia! As coisas são tais como Shakespeare as nomeia, o que me espantaria muito por vir da parte de um simples autodidata, de um ator vagabundo. Eu acordo cada manhã dizendo-me que sobre esse pequeno planeta poluído, em que formigam injustiças, horrores e campos de concentração, houve um Shakespeare, um Schubert, um Mozart, um Platão e numerosos escritores que estiveram à altura deles, de maneiras bem diversas. A cada ano leio com meus colegas uma peça de Shakespeare, que estudo palavra por palavra e, cada mês de outubro, penetro no mundo coerente de Dante ou de Kafka escolhendo uma nova peça. Uma única página de Kafka compreende nela, sozinha, uma trilogia shakespeariana. A cada dia me surpreendo em constatar que os documentos, os filmes, os testemunhos *de visu* estão talvez mortos, ao passo que a ficção é verdadeira, e que adoro viver por ela. Dou como tema de reflexão aos meus alunos a frase de Aristóteles: "Espantai-vos, que paradoxo". Sei também que quando Oscar Wilde afirma que a natureza sempre imita a arte, ele não faz mais do que adaptar esse paradoxo. Aristóteles teria compreendido o que exprimo em *Presenças Reais* quando escrevo que os aquedutos têm calçados e estão em marcha depois que Paul Klee os pintou com calçados. Na França, os ciprestes estão em chamas sobre as estradas do Sul, depois que Van Gogh os viu em flamas verdes e todos os triciclos das crianças que rodam nas ruas de Paris transformaram-se em touros selvagens, depois que Picasso fixou a sela com dois ramos em corno dizendo: "Aqui está, é um touro que avança em nossa direção". Ninguém o havia compreendido, criar aquilo que já existia, é isso que me interessa.

A literatura inglesa sofreu muito por causa do gênio de Shakespeare?

Sabemos bem, Shakespeare nos esmaga tanto quanto Dante ou Goethe. Mas ela, igualmente, aproveitou-se dele. A língua inglesa tem por bíblia Shakespeare, a língua alemã tem a Bíblia de Lutero. A língua inglesa tem também a Bíblia de James datando de 1612. Ela tem, portanto, uma dupla referência. Não existe apenas Shakespeare, o que seria muito grave.

O que é interessante é a distância que separa Shakespeare dos gregos.

Eu não tenho certeza disso. *O Rei Lear* contém quatorze citações que se parecem ao *Édipo em Colônia*. Mesmo que tenhamos muitos conhecimentos a esse respeito, essa questão, atualmente, é repensada. Creio ser concebível que Shakespeare tenha estabelecido certas relações, pois sabe-se que o *Édipo em Colônia* e *O Rei Lear* se superpõem, um ao outro, de tal forma que a noção de acidente é improvável.

O senhor diz que Shakespeare procura através de seu drama a unidade entre o homem e a mulher, entre a linguagem do homem e a linguagem da mulher.

Não. Entre a linguagem e o mundo, o mundo no sentido lato do termo.

IV. A Dívida do Amor

1. A MÚSICA NA ALMA

RAMIN JAHANBEGLOO – *Eu sei que a música ocupa um lugar considerável em sua vida e em sua obra. Que gêneros musicais o senhor mais aprecia?*

GEORGE STEINER – Creio que uma gama bem extensa se estende desde a Idade Média e todas as ramificações da música clássica até as criações do nosso século, o jazz e esta música contemporânea que tento compreender. Se eu imaginasse uma fronteira auditiva, ela seria delimitada pelo rock, pelo pop, pelo *heavy metal*. O jazz americano de pós-guerra fez parte de minha educação em Chicago, em Harvard e em Nova York. Nós vivemos uma época em que o gênio musical explode – eu não relembro apenas aqueles que já são clássicos, Boulez, Messiaen, Britten, Ligeti, Chostakovitch, Nono, Berio que eu escuto com atenção. Os jovens irão para a Inglaterra onde, claramente, a produção literária atravessa uma grave crise enquanto que a música conhece, após o período elisabetano, o mais intenso desenvolvimento possível. Eu sou apaixonado pelas óperas do século XX e procuro assistir às estréias das óperas que são produzidas. A ópera também se enriquece sem contar as que aparecem na Alemanha, ocidental ou oriental. É curioso examinar essa forma sociológica e politicamente tão lábil, frágil, vulnerável e isso porque é uma forma de luxo, minoritária, que não aparece jamais totalmente por causa da complicação dos meios técnicos, mas que é o lugar do pensamento trágico dos nossos dias. Escutar a música e assistir aos concertos é fundamental em minha experiência pessoal. Os meios que oferecem o disco compacto, os cassetes são uma revolução não somente técnica, mas, também, filosófica. O museu imaginário de Malraux se revela premonitório. Esse progresso é manifesto na arte. A música de todos os países e de todas as épocas está ao nosso alcance imediato, em nosso aprendizado, em nosso ambiente, em nossa casa. É uma revolução cuja envergadura ainda não medimos. Genebra é meu quartel-general durante uma boa parte do ano, é uma cidade infinitamente rica em música, essa pequena cidade que é a de Ansermet e cuja ópera, música de câmara e teatro são de nível mundial, tornou-se um centro musical europeu.

Seu interesse pela música alemã e em particular pela obra wagneriana tem ligação com o seu trabalho sobre a tragédia?

Sempre. Se bem que existam poucas peças de primeira ordem, esse século ficará, segundo minha opinião, dominado por certas obras de Claudel e de Brecht. À parte disso, a ópera moderna tal como a conceberam Strauss, Alban Berg, Stravínski, Britten, Tippett e tantos outros carregou o peso da visão trágica, da mitologia grega. Essas obras se tornaram nossos *Édipos Rei*, nossos *Orestíades*, nossas *Electras*. A cada instante a ópera e, em particular, as obras como *Lulu* e *Wozzeck* têm acesso às visões trágicas e transcendentais assim como as peças do passado, embora elas representem a humanidade moderna, despojada de sua crença em Deus, consciente daquilo que ela pode se tornar depois das tempestades de Darwin e do positivismo. Dois ou três romances modernos são verdadeiras pedras de toque de nossa condição humana. Eu apontaria autores como Proust, Joyce e Thomas Mann. Proust consagra à música um interesse considerável colocando-a no centro de seus trabalhos. Não teríamos *Em Busca do Tempo Perdido* sem Vinteuil nem Wagner, pois Proust compõe sua cosmologia em função de uma interioridade musical. Joyce, que era ele próprio um grande melômano, escreveu *Finnegan's Wake* sabendo que não se pode ler essa obra sem cantá-la, pois ela é como que tecida de mil títulos de canções e de árias de ópera. Ela indica ao auditório o momento em que a linguagem franqueia o umbral das trevas, da noite musical. O *Doutor Fausto*, de Thomas Mann, permanece uma dessas duas ou três obras que dão a impressão de se aproximar de uma metafísica que, centrada em nossa condição, na violência de nossa modernidade, em nossa barbárie, nos força a pensar de novo em reviver aquilo que Nietzsche entendia por esse mistério enorme que é a música. Penso, também, compreender o pensamento de Claude Lévi-Strauss quando nos ensina que a invenção da melodia é o mistério supremo das ciências do homem em torno do qual gira uma antropologia cultural e estrutural.

Alguns judeus sempre se recusaram a escutar Wagner por causa de suas implicações políticas que lhe permitiram ser adorado pelos nazistas.

Respeito perfeitamente esse ponto de vista. Acabo de encontrar um imigrante russo que se recusa a escutar certas sinfonias de Beethoven porque elas acompanhavam sempre as cerimônias de Stálin e as difusões radiofônicas dos discursos oficiais. Não me permito fazer a menor objeção a essas pessoas, fico consternado por elas e não considero que sejam culpadas disso. Meu respeito por elas é absoluto. Nas *Memórias*, de um guarda de campo de concentração, deparamo-nos com um torturador que cantarolava Schubert. Wagner, Heidegger, Claudel – que escreveu hinos de glória ao Marechal Pétain – são todos visionários titânicos das sociedades totalitárias, grandes nostálgicos da violência e têm veleidades de ditaduras estéticas, dogmáticas e teológicas. Vive-se muito mal entre esses gigantes. Sem nenhuma dúvida pode-se fazer um abuso político da música de Wagner que revolucionou nossa condição de homens modernos, que modificou nossa interioridade e nosso ser. Um mundo sem Wagner seria talvez um mundo melhor, mas o fato existencial de sua presença nos impede de viver no século XX sem tentar tomar consciência dessa cadeia alpina que é sua obra.

O senhor fala com freqüência de Verdi em sua obra. O senhor considera que a arte dele é uma arte trágica ou ele é, a seu ver, um músico ingênuo?

Creio não ser, certamente, ingênuo, pelo menos na acepção desse termo que o senhor emprega à maneira de Schiller, isto é, sentimental. Verdi cria, também, um mundo para si. Em Cambridge, durante os seminários que consagro a esta literatura inglesa, que adoro, era-me totalmente impossível dizer aos meus alunos que fossem lúcidos e compreendessem até que ponto o *Otelo*, de Verdi, é superior ao de Shakespeare. Isso era impossível para mim porque a doutrina anglo-saxônica condenaria um tal ensinamento. É preciso, mesmo assim, sublinhar que o início do *Otelo*, de Verdi, que se desenrola em Chipre, é superior ao *Otelo*, de Shakespeare, por sua economia, seu poder, sua concisão e sua lógica. O problema mais interessante é levantado por Iago. O grande crítico inglês, Coleridge, qualificou sua pessoa por uma sentença pregnante e célebre, "malignidade sem motivo". Um outro crítico escreveu um ensaio considerável, afirmando que a personagem de Iago testemunhava uma brincadeira malograda, a farsa de um garoto que segura um balde de água em cima de uma porta para aspergir um vigia, água que mata o dito vigia. Entretanto, nenhuma dessas duas abordagens me satisfaz. A meu ver, Iago, pela crença que para ele forja Boito, também pela música, é um personagem coerente, um Iago maniqueísta que é um dos grandes sacerdotes de um Deus do mal, Deus da noite, Deus satânico que se torna um anti-Deus. Dizendo isso aos meus alunos, levanto uma discussão que os ajuda a refletir, mas sei muito bem que o *Otelo*, de Shakespeare, é uma obra insubstituível e das mais complexas – minha idade me impõe a dar razão a Verdi. Se eu devesse conservar apenas uma dessas duas obras, escolheria a ópera de

Verdi, o Verdi de *Don Carlos*, o início de *Simon Boccanegra*, das *Vésperas Sicilianas*. Ele explora todos os recursos dessa forma infinitamente híbrida, bastarda e complexa que é a ópera com uma inteligência cênica incomparável. O libreto dos *Mestres Cantores*, como o libreto de *A Mulher Sem Sombra*, de Strauss, tanto os libretos de Boito como os de Hofmannsthal, constitui obra literária da maior envergadura. Não é exagerado dizer que o libreto dos *Mestres Cantores* poderia ser uma obra escrita por Shakespeare, pois encontra-se aí a mesma beleza, a mesma riqueza, a mesma compaixão e a mesma humanidade. Os *Diários*, de Cosima Wagner, que acabam de ser publicados, são documentos sem igual, que não serão inventariados antes de um século. Eles revelam o homem que pela manhã compunha alguns acordes de *Parsifal* ou de *Tristão* – o que me parece ser o que há de mais profundo, de mais puro e de mais belo na experiência humana – e contava à hora do almoço ou do chá ser preciso queimar os judeus. Se a questão é saber se esse mesmo homem, que desce de seu estúdio, pára de tocar o piano e fala, é esquizofrênico ou não, eu responderei que se trata nesse caso de uma bobagem. Não existem respostas para essas questões. O que recuso é a resposta simplista que consiste em afirmar que se encontra em *Parsifal* ou em *Tristão* o homem que quer exterminar os judeus. É tão estúpido quanto negar qualquer relação. Os puristas pensam, quanto a eles, que não se trata do mesmo homem. Tampouco aceito isso, por um instante que seja. Nós não somos capazes, no plano de dados imediatos da emoção ou no plano intelectual e filosófico, de nos explicar esse dualismo, se jamais houver algum. Talvez seja essa noção de dualismo que é uma escapatória. É o poder fascinante da música em que se misturam mania e exaltação, como uma abismar-se da alma. Eu cito em *Presenças Reais* uma frase que me parece muito perigosa, frase segundo a qual a revolução atual é a música na qual se crê. Há aí uma confusão de valores muito profunda, uma substituição ilícita. Não posso defender-me de ter sonhado pois é claro que para muitos seres humanos, certos adágios constituem aquilo que se aproxima mais da experiência do absoluto. Só a música pousa em sua pureza atrás do sentido da existência humana, ela é aquilo que se compreende, porém o que não se pode nem traduzir nem parafrasear. O homem é um animal que compõe e escuta a música. Em *Presenças Reais* eu coloco a questão à qual não tenho como responder: *What in the world is the music like*? Uma tradução que simplifica um pouco a simplicidade lapidar do inglês seria: "O que no mundo se parece a música?" Eu não conheço a resposta, porém sei que é uma boa pergunta.

Em Depois de Babel, *o senhor coloca também a pergunta: "Em que medida uma música jamais tocada existe?"*

Tomei de Benjamin a idéia do livro que não teria sido jamais lido. Músicas que jamais foram tocadas. Os novos meios de reprodução eletrônica imediata permitem aos compositores ouvir sua música antes mesmo de que ela seja tocada por uma orquestra. É uma felicidade contingente. O compositor, criatura misteriosa entre todas, cria uma melodia. Por si mesmo ele não pode dar nem adiantamento, nem narração conseqüente de sua obra, nem mesmo fazer uma análise técnica de sua gênese. Resta que não se sabe estritamente nada do que, num compositor, está na origem da composição de uma ária, que não abandona o fulano pela vida inteira, não fosse ela tocada, pelo menos uma vez, em um órgão de *Barberi*, não fosse ela ouvida, pelo menos por uma vez.

2. DEPOIS DE BABEL

Podemos voltar ao seu trabalho, em Depois de Babel, *que está relacionado com seus artigos no* Extraterritorial *e seus debates contra Chomsky?*

Eu acredito ter manifestado em *Depois de Babel* uma idéia central, e espero que a refutem. Os lingüistas que estudam a história diacrônica e os antropolingüistas estimam que na breve história do homem houve provavelmente neste planeta vinte mil línguas. Há cem anos as estimativas eram de dez mil, enquanto que, atualmente, elas variam em torno de cinco mil, levando em conta o fato de que a cada ano um bom número de línguas desaparece, sem mencionar os dialetos. Falo das línguas que são respectivamente incompreensíveis e que têm uma autonomia perfeita. Nesse caso, como explicar essa pletora absolutamente absurda de separações, de culturas autistas que morrem em um isolamento por causa de línguas tornadas inacessíveis, pletora que tem conseqüências trágicas tanto econômicas como políticas? Eu propus a hipótese de que sendo todas as línguas meios de reconstituição do mundo, sendo todas as línguas janelas que se abrem para a existência, elas representam, por sua multiplicidade darwiniana, outras tantas possibilidades de dizer não à morte, ao sofrimento, às carências econômicas assim como a todos os parâmetros de coação biossomática e social. Cada língua é um ato de liberdade que permite ao homem sobreviver. Sua multiplicação, semelhante àquela das 28 mil espécies de borboletas da ilha das Filipinas, parece ser um desperdício, um esbanjamento, um exagero pletórico. Porém, bem ao contrário, à medida que cada língua realiza com isso uma formidável economia de liberdade, o homem ganha um passo em relação à inexorabilidade de sua condição de mortal bem como em relação às determinações econômicas e biológicas. A vertiginosa complexidade das línguas é uma riqueza compensadora para países e regiões dos mais carentes do mundo, no Kalahari, nos desertos australianos ou em certas tribos de Bornéo em que a economia é muito fraca. Poder empregar 28 formas do subjuntivo constitui uma reserva inesgotável de sonhos e de possibilidades de extraterritorialidade com respeito ao estado atual do nosso mundo. É uma hipótese que seria suscetível de ser examinada e que mereceria que se lhe respondesse, o que não pode ser o caso nessa época em que Chomsky imprime à lingüística tendências transformacionais e geradoras com toda ortodoxia. Nós temos, eu e ele, publicado entrevistas exprimindo nosso desacordo muito profundo, entrevistas que não são sem interesse. Eu trabalho com aquilo que Blake chamava "o sagrado do particular", enquanto Chomsky utiliza um esquema abstrato de universalidade no qual eu não acredito, pois, até agora, ele não apresentou nenhuma prova. Ora, é esse esquema que prevaleceu entre os lingüistas, é esse esquema que é explorado com muita confiança pela lingüística acadêmica e profissional. Essa forma se encontra no outro extremo da metafísica e não apenas da técnica. De minha parte estou do lado de Sapir e de Whorf. Estou do lado do *Crátilo*, de Platão, e considero que todos os escritores e poetas que eu encontro são cratilianos. Ora, Chomsky e Saussure afirmam que a linguagem é um sistema profundamente abstrato. Isso não me ensina estritamente nada sobre a linguagem natural, nem sobre a poesia, que é a meu ver prova da ineficácia dessas teorias, que me parecem decorrer de uma musicologia concebida para o uso de pessoas surdas – e eu não estou me prestando ao ridículo. A álgebra formal dos códigos musicais não corresponde em nada à experiência musical. Eu tentei, em *Depois de Babel*, situar o problema da tradução no centro da experiência da linguagem da vida cotidiana dos homens e das mulheres.

Um outro ponto do seu desacordo com Chomsky está na relação entre as ciências e a linguagem.

Eu não creio que haja uma ciência da linguagem. Há um abuso terrível tanto do termo ciência quanto do termo teoria. É certo que existem, talvez, teorias em astronomia, em biologia e nas matemáticas se bem que alguns, como Feyerebend e Rorty, não estejam inteiramente persuadidos. Essa noção de "teoria" é atualmente abusiva, até naquilo que concerne às ciências exatas, o que não é da minha competência. Nas ciências humanas há impressões e narrações. A meu ver uma teoria é um discurso narrativo que pode compreender, englobar, imbricar em sua narração uma fenomenologia do atual.

Um outro ponto de sua divergência é a tradução que é a idéia axial de Depois de Babel.

A linguagem transformacional chomskiana não tem para mim grande interesse. Estar sentado a uma mesa e lhe falarem, já é um ato de tradução muito complexo. Virá um dia em que estaremos em face de uma crise psicológica considerável: o monolingüismo reinará sobre o planeta que sofrerá a dominação econômica do anglo-americanismo, que já é denominado de "esperanto do comércio". Desde já, é certamente o inglês que utiliza o piloto de aviação coreana quando se dirige à torre de controle de um aeroporto grego. É algo que se parece estranhamente ao desaparecimento dos climas, das espécies de animais ou de uma flora, verdadeiro massacre da diversidade maravilhosa desse planeta e de suas condições de existência. Poderia ser que, por ironia da história, a visão de

Chomsky não fosse aquela da anarquia e da extrema esquerda, mas, ao contrário, a de uma visão do grande capital lingüístico, do monopólio e do poder de uma só língua. Um mundo de universalidade chomskiana seria um mundo de um patoá anglo-americano.

O senhor diz que a idéia de tradução não é uma vitória, mas uma necessidade perpétua.

Sem essa necessidade, como dizia Goethe, nós estaríamos silenciosos em paróquias de silêncio. Na reformulação de *Depois de Babel*, noto que essa crise se agrava perigosamente. Uma obra escrita em anglo-americano é uma obra que é cada vez menos traduzida. Em troca, tratando-se de um *best-seller*, ele será lido diretamente nesse patoá, em toda parte do mundo. Um romance que é escrito em uma língua dita "minoritária", como o norueguês, o holandês, o indonésio, o turco, é traduzido para o anglo-americano. Eu sinto uma emoção quase física, fico doente com a idéia de passar diante das vitrinas de Milão, de Amsterdã ou de Copenhague em que estão anunciados os *best-sellers* anglo-americanos, e de ver relegados a um canto obscuro os livros escritos nas línguas natais desses países, línguas que constituem, no entanto, o patrimônio deles. Esse fenômeno apareceu com grande velocidade, ele se estenderá amanhã à União Soviética e à China.

Essa questão divide os valores universais de um lado e de outro a relatividade, a multiplicidade de todas as estruturas.

Esse fenômeno depende da esperança de uma comunicação. Alguns de meus detratores dir-me-iam que a paz e a compreensão recíproca advirão com o uso deste sabir universal, desta língua franca, enquanto que minha paixão pelo minoritário conduzirá à desordem, à anarquia e à incompreensão mútuas. É um argumento importante. É maravilhoso, de fato, que um piloto de avião possa ter necessidade apenas de uma língua para pedir ajuda e que assim, cada pessoa postada diante de um emissor o compreenda, pois que ele utiliza o anglo-americano. É verdade que esse mesmo patoá, que é a língua com a qual se qualificam as drogas de utilidade ao médico a fim de que ele possa cuidar de alguém que sofra uma síncope numa rua do Turquestão. Eu constato, na verdade, que existem vantagens, mas sou antes de tudo filósofo e pensador, leio noite e dia poesia. Então, não se pode tratar, a meu ver, de qualquer coisa ideal. Uma língua que nos falta conhecer parece ser, para mim, um dos grandes dons que o destino pode nos oferecer sussurrando ao nosso ouvido: "Eu lhe darei um novo cosmo, um novo mundo. Abra as mãos, tente entrar nele."

Porém, o fato de compreender, de melhor participar dos valores universais podem nos proteger da ortodoxia e do fanatismo.

Duvido muito. O universalismo não traz nenhum valor de tolerância ou de acolhimento. Ele vem com seu próprio dogma. O supermercado não quer produtos locais, ele coloca em caixas uma cultura capitalista de exportação à qual o mundo inteiro se sujeitará.

Os direitos humanos são, no entanto, valores universais.

Certamente, porém ao mais baixo denominador comum das necessidades econômicas e materiais possíveis. Adoro as línguas secretas, pois elas contêm grandes verdades. Quando uma língua se extingue, do mesmo modo que uma espécie animal ou floral, o irreparável foi cometido. Extingue-se, também, essa possibilidade ontológica "de ser".

Em Depois de Babel, *o senhor fala de uma idéia de tradução total, o que o senhor entende por isso? Existe também aquela idéia muito interessante que está na origem da tradução, a idéia segundo a qual existiria na história moderna um erro, uma falsa leitura.*

É um ponto de pormenor. Não pode existir nisso tradução total, até no interior de uma mesma língua. Numa de suas parábolas, Borges cria a personagem de Pierre Mesnard e mostra que a retranscrição de palavra por palavra, em 1937, do romance de Cervantes, fez aparecer um romance novo e diferente. Kirkegaard explica, em *A Repetição*, que não se podem repetir as mesma palavras. Se eu repito rapidamente a mesma frase, a segunda não é a mesma que a primeira; ela pertence a um tempo diferente e a segunda não pode senão lhe suceder. Uma tradução é sempre parcial e fragmentária.

O senhor se recorda da idéia de uma tradução preguiçosa? A imagem da torre de Babel está presente em todas as mitologias.

Arno Borst escreveu uma obra composta de cinco grossos volumes em que traça a pertinência do fenômeno da torre de Babel às mitologias. Lévi-Strauss analisa, também, esse fenômeno entre os ameríndios: ele pega a forma da serpente retalhada em mil pedaços que não pode mais encontrar suas extremidades. Diz-se que todas as culturas retêm a lembrança mítica de um desastre provocando a divisão das línguas. Ora, a meu ver, essa disparidade não é uma catástrofe, mas, ao contrário, uma oportunidade quase darwiniana. Cada cultura encerra o sonho segundo o qual, outrora, uma única língua era suficiente num paraíso e numa Arcádia primordial, ao passo que hoje ninguém se compreende mais. Uma das mais belas parábolas de Kafka é a de ter designado a torre como um abismo. Cava-se assim um buraco para construir a torre de Babel e isso provoca uma catástrofe. Qual é o sentido dessa punição com respeito a essa arrogância secreta? Que farão eles no topo dessa torre? O Gênese ensina que era a maneira de travar uma batalha contra o céu divino. Mas a torre era elevada demais. Gosto de ficar imaginando que chegará um dia em que se construirá um arranha-céu que ultrapasse a altura do Empire State Building, e que, depois, seguir-se-á sua queda, por culpa de uma derradeira *hybris*, um homem presunçoso querendo lançar um assalto ao céu. Trata-se, no contexto babilônico do céu de Urat, de um observatório de astronomia em que se tenta decifrar os segredos dos movimentos dos planetas. Os deuses punem essa audácia, pois o segredo lhes pertence, como coisa particular, e eles esmagam, então, o homem sob a riquíssima pletora das línguas. Essa imagem magnética da destruição da torre de Babel e da disseminação praticada por Derrida, a desfiadura, a desagregação ao infinito de todas as línguas perseguem-me até ao ponto em que tento decifrar esse simbolismo. Entretanto, é para mim uma veação sem fim, uma bênção que se disfarça sob as palavras: "Viva seu mundo, construa-o com sua palavra". É preciso dar o troco, dar uma chance a essa alternativa. Eu passo muito tempo nos aeroportos, há uma linguagem própria deles, esse anglo-americanês particular, que foi objeto de uma tese de doutorado. Ela demonstrou quantas línguas locais desaparecem porque ninguém distingue o aeroporto de um lugarejo saariano de um aeroporto de Hong Kong. Eles são, ambos, tomados em um envoltório linguageiro uniformizado, que tem certos critérios de venda, de publicidade ou de reconforto. Estudos foram feitos sobre esse sabão, esse detergente industrial que é a língua do aeroporto. Um dia virá em que o planeta não será mais do que um gigantesco aeroporto que difundirá nos alto-falantes uma música e palavras anglo-americanas. E é assim que os homens enraizados em sua cultura terão esquecido a própria identidade de suas lembranças.

3. A UNIFORMIZAÇÃO DA LINGUAGEM

Em que nossa escrita atual é influenciada por esses problemas de linguagens?

O jornalismo é sem dúvida universal. Nós nos aproximamos cada vez mais de um mundo em que os satélites divulgarão um jornal que passa por todas as horas do mostrador. Essas edições serão locais apenas de maneira muito aproximativa, sejam elas asiáticas, australianas ou africanas. A linguagem neutra, a mesma linguagem, a linguagem da informática política e publicitária estará presente vinte e quatro horas sobre vinte e quatro horas em nossas telas. O homem que escreve à mão, escreve na sua língua. A escritura à mão define somente o espírito daquele que escreve. Poderia parecer que é preciso ser um detetive da Scotland Yard para compreender que uma máquina de escrever permite ter uma escritura que permanece individual; o tratamento do texto de um computador assinala a parada mortal da escritura.

Roland Barthes diferenciava a escritura da escrevedura dizendo que a escrevedura é o estilo daquele que utiliza a escritura como instrumento. O senhor acha que se utiliza cada vez mais a linguagem como um instrumento?

Certamente. A instrumentalização torna-se freqüente. Entretanto, subsistem nos grandes poetas o esoterismo e o hermetismo. Não se pode compreender uma palavra de René Char ou de Celan sem saber que no hermetismo de sua poesia, na recusa ao acesso imediato, há essa luta desesperada para que a escritura permaneça escritura. Mandelstam é um exemplo do fechamento das portas no domínio da grande poesia moderna, fechamento que reafirma os valores do ato de dizer ou de escrever e de sua autonomia. O esoterismo que se costuma censurar ao modernismo é uma reação necessária e inevitável à uniformização, à erosão da diferença na linguagem cotidiana.

Até quando esses poetas poderão se proteger da uniformização?

Mallarmé e Valéry foram preservados até o presente, mas serão necessários séculos para compreender Char e Celan. Se eles se protegem tanto assim é porque aqueles que gostarão de entrar na casa de seu dizer serão apenas uma ínfima minoria. O senhor poderia me retorquir que houve momentos privilegiados, no Ocidente, em que grandes tais como Dickens, Victor Hugo, Balzac ou Tennyson viam suas tiragens alcançar centenas de milhares de exemplares. E essa excelente literatura era acessível a todos os leitores possíveis. Esse breve momento de graça existiu somente entre 1815 e 1900, representando uma espécie de armistício fora do comum entre o gênio literário e as condições econômicas e técnicas do Ocidente. Eu não creio que um tal momento possa advir de novo, pois como toda grande poesia e todo pensamento profundo, ele foi impresso com grande fragilidade, mantendo-se por um fio.

Um poeta ou um escritor que deseja atualmente se preservar para guardar esse hermetismo não deveria evitar estar em contato direto com a mídia de massa?

Absolutamente, é o risco a correr para não se perder. Os grandes não têm nenhum relacionamento com a mídia de massa que lhes repugna. Eles se fecham sobre si mesmos e não dão entrevistas. Isto acontece o tempo todo. O grande poeta é por definição um autista, um isolado que carrega em si sua doença como se sofresse de AIDS. Com certeza, houve exceções. Desrespeitando a regra, isto é, o sistema despótico e a censura que reinam na URSS, os poetas, os chefes da resistência podiam lotar os estádios de futebol unicamente com ouvintes que desejavam ouvi-los ler. Evutchenko, por exemplo, era um grande leitor que pertencia a essa raça de pensadores que põem em cena seu próprio gênio dando-lhe uma dramaturgia de sua filosofia de tal modo que a recepção de sua obra atinge um nível excepcional. Excepcional porque tais encontros são muito raros, eles são da alçada do acaso da personalidade. Os grandes pensadores e os grandes filósofos são também grandes solitários.

4. DA SOLIDÃO

A solidão tem importância para o senhor?

Ela é essencial. Tive que esforçar-me para consegui-la. Entre as críticas que recebi quando da publicação de *Depois de Babel*, havia aquelas, provindas de pessoas pelas quais tenho profundo respeito, que me reprovavam por eu ser um homem só, pois sabe-se que no século XX, para escrever um tal livro, é necessário uma equipe de especialistas. As críticas recaíam também sobre o fato de ser eu um cavaleiro solitário que tem a pretensão de galopar no campo dos outros. É uma acusação muito grave. Censuraram-me também por não haver inserido o meu trabalho onde quer que fosse, estigmatizando-me assim como um mal jogador, incapaz de fazer parte de uma equipe. Toda a minha vida foi escandida pelo martelamento dessa reprimenda cuja força e origens psicológicas eu detecto. Tenho tal aversão aos comitês que aproximar-me deles significa para mim começar a errar. Por definição, detesto as equipes e as colaborações. Uma obra que tem valor é um grito de solidão, uma necessidade. Ninguém pode respirar, escrever ou morrer em meu lugar. Não se pode morrer em comitê.

Podemos falar um pouco de seus projetos?

Com prazer. Depois de *Dostoiévski* e de *A Morte da Tragédia*, meus trabalhos passaram por uma latência e um questionamento religioso. Em *As Antígonas,* as coisas ficaram claras. Eu me perguntei se poderia existir uma cultura e uma arte que pudessem dispensar a questão da existência de Deus ou de suas implicações. Em *Presenças Reais* eu já transpusera um passo. Vou tentar determinar as coordenadas nestes *guides for lectures* (guias para leitores) que desde William James, Bergson, Bultmann, Karl Barth e Bertrand Russel são o coroamento do estatuto do pensador. Qual era o tema deles? No que denominei *As Gramáticas da Criação*, coloquei essa questão. O que conta para mim quando ando, é o pedrisco que se aninha dentro do meu sapato, pois devo parar, já que o sangue começa a aflorar. Minha questão era, portanto, bastante precisa. A língua inglesa admite e solicita a frase "Deus criou o universo" e recusa "Deus inventou o universo". Meu questionamento recaía, portanto, sobre as palavras "criar" e "inventar", desde as origens até os nossos dias ao estudar a personagem de Jó e o *Timeu*, de Platão. Tentei compreender porque *poiésis* em grego significa criar, o que quer dizer que essa língua mãe não deixou o lugar para a palavra inventar. E o latim admitir apenas bem tardiamente a palavra *inventare*, ou seja inventar. O que é uma teoria da gênese, dos começos, do *incipit*, em domínios tão diferentes quanto a religião e a filosofia, as artes ou as ciências? Um grande cientista cria ou inventa? Um músico cria ou inventa uma melodia? Na matemática duas escolas se defrontam: um matemático encontra ou inventa um novo teorema? Que atividade é essa, quais são suas analogias com o *fiat* de Deus? Duas frases serão colocadas em exergo em meu livro, e isto lhe dirá o pouco tempo que me resta para levar a cabo o restante de meu programa. Uma delas vem de Leibnitz: "Por que não há nada?" Já formulada pelos pré-socráticos, porém de modo diferente, eu prefiro a forma leibnitziana, que é mais clara. A outra frase, lapidar e simples, foi enunciada em um dos cadernos de Nietzsche, por volta de 1883: "A arte afirma, Jó afirma". A língua alemã é muito mais poderosa, o verbo *bejahen* significando "dizer sim". É impossível ter-se em francês essa coisa tão bela que consiste em fazer do sim um verbo como se pudéssemos dizer "eu sim", "tu sins". É uma tarefa considerável tentar dizer qualquer coisa sobre a "berechitidade"* a aparição das visões religiosas, filosóficas, até científicas. Atualmente, ninguém está em condições de fazê-lo.

---

* Berechitdade: o ato da criação, em hebraico *berechit*. (N. da T.)

5. TOLSTÓI OU DOSTOIÉVSKI

Eu gostaria de conhecer sua opinião sobre uma de suas primeiras obras, Tolstói ou Dostoiévski. *Como o senhor a vê trinta anos depois?*

É uma obra que, a meu ver, tem ainda sua utilidade. Ela coloca uma questão que permanece válida nesse exato momento em que lhe falo: "Existe uma obra literária de certa ordem de grandeza que possa se abster do religioso e do metafísico?" Estou persuadido de que a resposta é negativa e tento demonstrá-la. A frase de Sartre, "Toda técnica é metafísica", me inspira, em segundo lugar, uma reflexão polar e contraditória sobre os dois termos da proposição. E depois falarei, em terceiro lugar, dessa antecipação sobre o maniqueísmo, a gnose, o sentido de uma dialética, do não negociável. Não creio que se possa amar com a mesma intensidade dois escritores. *Racine e Shakespeare*, de Stendhal, mostra que é necessário fazer escolhas, o que tem relação com a filosofia existencialista que eu enriqueceria dizendo que existem casos em que o irresoluto ganha, em que não se pode nem negociar, nem decidir. Há conflitos fundamentais nos domínios políticos, filosóficos, religiosos, metafísicos que resistem ao bom senso, à tolerância, ao amor de outrem, à necessidade de um consenso. Minha vida se viu muitas vezes confrontada com a barreira do inadmissível, do inaceitável, com todas as implicações possíveis e as conseqüências políticas, humanas e pessoais que dela decorreram. Desde minha juventude conhecia o livro de Kierkegaard intitulado *Ou Então... ou Então*, sem jamais tê-lo lido. Eis que ele aparece nas livrarias, eu o leio e o acho tão interessante que daí por diante eu o trago como um brasão. Quero saber como se comporta uma pessoa sincera diante de certas escolhas, por exemplo, aquela dos dois romancistas, escolhas que são sintomáticas embora existam outras, mais fundamentais, relacionadas às concepções da natureza, da história e do homem.

Quando se trata de Tolstói ou Dostoiévski, a alma russa aparece nitidamente. Esses dois escritores continuam a influenciar, depois de mortos, as concepções de mundo tão diferentes quanto aquelas que separam Pasternak e Ákhmatova.

E em nossos dia Soljenitsin. Não se pode cerrar fileiras ao lado deles e se colocar ao mesmo tempo ao lado de Sakharov, para tomarmos um exemplo recente. Eles têm visões totalmente opostas do futuro do homem e da Rússia, do senso da consciência revolucionária e daquilo que ela se tornou. Eu sei que vou de encontro ao clima atual, que respeito e compreendo, clima que consiste em atenuar e amenizar os contornos do desacordo humano.

Eu creio, apesar de tudo, que se pode constatar uma diferença na leitura desses dois escritores. Há aproximações que se podem fazer na comparação que o senhor faz entre as personagens de Pierre, em Guerra e Paz, *e a personagem do príncipe Mychkin, em* O Idiota.

Com certeza. Dostoiévski tinha uma consciência aguda da presença de Tolstói. Tolstói nega haver lido uma única palavra de Dostoiévski depois de *Recordações da Casa dos*

Mortos. Eu não tenho tanta certeza. É um caso raro: Goethe e Schiller não estão no mesmo nível, nem Shakespeare e Ben Jonson. Não há um único contemporâneo de Dante que chegue a seus calcanhares. Ficamos divididos pela atitude de Proust e de Joyce que jamais quiseram saber o que quer que seja um do outro e aí haveria matéria para estudo. A divisão que opõe Tolstói e Dostoiévski, cujas conseqüências repercutem na história moderna, pois eles até chegaram a prever nossa política, o destino do socialismo e da teocracia, representa provavelmente o exemplo mais denso das escolhas operadas apenas sob o império do instinto. Eu expliquei isso em detalhe em *Presenças Reais*: nós somos escolhidos por aqueles que vêm a nós. Penso lá no fundo que se faz essa escolha quando ela se apresenta a nós e é a razão pela qual alimento uma grande amizade pelos homens e mulheres que lutam atualmente nos movimentos ecumênicos. De novo se fala de um diálogo entre judeus e cristãos, mas eu prefiro não participar desse debate. Existe ainda em mim uma impossibilidade de abordar questões que não são da ordem do negociável. Sinto, além disso, muita desconfiança em relação ao ecumenismo. Parece-me que por querer ser homem é preciso aceitar que existam coisas inadmissíveis.

Pode-se conciliar dentro de si mesmo duas confissões ou duas vertentes de uma mesma confissão?

Não, não o creio. Pode-se tentar compreender essas confissões, pode-se abster-se delas. Certos conflitos não me tocam. Como todo ser humano, a pessoa pode encontrar-se no interior de si próprio, mas não acho que se possa conciliar as antinomias ou as antíteses fundamentais. Fico emudecido pela recusa de Sartre em amenizar o desacordo total que o opunha a Camus, mesmo depois da morte desse escritor.

6. OS MESTRES DA MENTIRA

Ao lhe colocar essa questão, eu pensava não apenas naqueles que pretendem estar vinculados ao mesmo tempo ao messianismo marxista, ao cristianismo e ao judaísmo, mas também naqueles que se converteram ao judaísmo e ao cristianismo.

Eu não conheço o primeiro caso. Um marxista conseqüente deve ser ateu, se não quiser fazer marxismo de salão, o que teria revoltado Lênin. Podemos nos inscrever num partido, podemos até morrer por ele sem praticar por isso uma doutrina rigorosa. A dialética materialista marxista é necessariamente atéia. O ateísmo é a pedra angular de sua visão do homem e do mundo. É uma teoria da justiça imanente pela qual, como para Freud, todo postulado de transcendência, derivando de uma ilusão, é da ordem do infantilismo e representa uma arma das classes governantes reacionárias que serve para sufocar o pensamento humano. O segundo caso é infinitamente raro, não conheço judeu que tenha se convertido ao cristianismo.

Há um de nome importante, o Cardeal Lustiger.

Logo chegaremos a isso. Cita-se sempre o testemunho de Sr. Gouhier. Eu não estava lá para julgar. Ele afirma que Bergson teria se convertido no momento de sua morte. Não temos nenhuma prova. Simone Weil recusou a conversão no último momento dizendo que a cristandade era demasiado judaica. E a razão que ela invocou me parece maravilhosa, é preciso verdadeiramente ser Simone Weil para encontrar essa desculpa. O caso do Monsenhor Lustiger não é o de uma conversão, ele foi, eu creio, levado ainda criança e educado na religião cristã – não conheço os detalhes. Não creio que tenha havido uma conversão. Msr. Lustiger diz que é um judeu ortodoxo, afirmação que é preciso ver com cuidado. Ele afirma que a verdadeira ortodoxia judaica aceita Cristo como Messias e toma como justificativa os Evangelhos. É uma estratégia que me fascina e me deixa ao mesmo tempo perplexo. Não se brinca com esses jogos. É bem melhor saber, de preferência, que nenhuma alma humana, nenhum ser humano não pode ser continuamente tolerante. Cristo, por duas vezes seguidas, perde o controle de si mesmo. Na primeira vez, ele golpeia uma infeliz figueira prevendo que ela secará para sempre, pois ele lhe tirara seus frutos, na segunda, ele diz que agora, ele vem com o gládio. Cristo, ele próprio, conheceu grandes momentos de cólera e de impaciência. Nós, gente comum que somos, não podemos pretender que tudo compreender é tudo perdoar. Tudo isso são bobagens! Nenhum espírito, nenhuma alma pode compreender tudo.

Nós falamos do marxismo, o senhor nunca se sentiu atraído por essa ideologia em sua vida?

Eu sou apolítico ao máximo possível. Entretanto, o marxismo trouxe-me muitas coisas, pois tive Lukács como mestre e pratiquei com Hegel e Marx. Eu não compreendo que se possa estudar as ciências humanas ou a filosofia sem se estar seriamente impregnado. O rabinismo existe tanto em Marx, quanto em Freud. Há esse culto ao livro, a obsessão da transmissão de um texto. O marxismo é apenas um talmudismo estratégico, compreendendo o comentário do texto, a discussão do comentário e sua revisão herética. Sinto-me atraído por certos aspectos do trabalho de Marx. A BBC e vários jornais pediram-me que comentasse a imensa vaga de felicidade que se espalhou sobre o mundo após a queda do muro de Berlim, em 9 de novembro de 1990. De novo, encontro-me num estado de isolamento quase total, pois sou um feroz adversário do comunismo embora persuadido de que esse sistema estúpido, essa escravatura, compreendia igualmente um elemento primeiro e primordial, uma utopia, mas, também, um mito, o do advento do reino da justiça sobre a terra. Esse ideal inacessível predizia que o homem iria se ultrapassar e se tornar um ser melhor. Aqueles que representaram esse ideal eram canalhas corrompidos que, em lugar de tentar vivê-lo, traíram-no. Pois havia aí algo a trair, enquanto que o nosso sistema de capitalismo liberal nos diz que em nenhum caso ele tem ilusões a nosso respeito, sendo melhor nos dar aquilo que desejamos. E dar a qualquer um tudo o que ele quer é, para mim, o insulto supremo à dignidade humana. Se há, na verdade, como alternativa apenas o islão fundamentalista, se há mais como alternativa esse judaísmo pervertido que era o comunismo, nós nos encontramos diante de um abismo escancarado. E isso, ainda mais, por vivermos desde então em uma vacuidade do mundo. A droga e o *kitsch* são outros tantos vazios tão presentes em nós que não vejo em caso algum uma bênção sem rodeios nessa pseudoliberação, mas, ao contrário, uma acusação contra nós mesmos, uma espécie de autocrítica que jamais não faremos, enquanto nos incumbe recusar que a lei do mercado se torne uma lei para o homem. O odor do dinheiro infecta cada país, a França, a Alemanha Ocidental, a Inglaterra. O grito do dinheiro e suas exigências dominam as universidades, a arte, a produção teatral e literária. Tudo está contido na palavra "rentabilidade": isso é rentável, pergunta-se em cada esquina de rua. A resposta é negativa. Nenhum pensamento, nenhuma poesia dignos desse nome foram rentáveis sequer por uma única vez. Ao contrário, sempre se inclinaram na direção de um déficit. Se soar a hora de fazermos as contas de lucros e perdas, pensamos no contador que em inglês denomina-se *bookkeeper*, o guardião dos livros (o guarda-livros). Ironia da história, é o inspetor

189

das finanças quem faz as contas, é ele o guardião dos livros e é forçoso constatar que o único livro que permanece aberto é o dos bancos, que as pessoas examinam bem mais que os versículos bíblicos. Ele está no centro do Templo. Fico petrificado de angústia e de temor com esse pensamento e mergulho em profunda solidão. Sei que o comunismo foi um horror e o que resta dele são apenas vestígios absurdos de uma grande derrota. Algumas horas depois da destruição do muro de Berlim, os alemães do Leste compravam vídeos pornográficos. Uma semana mais tarde abriam-se no Leste as *sex shops*. Uma semana depois, foi preciso ver, para crer! Um liberal conseqüente deve me responder nesses termos: "Senhor Steiner, é isso que a humanidade quer". E ele terá razão. Quanto a mim, sei que ter razão de tal espécie, é estar errado.

O senhor é muito pessimista, finalmente?

No momento atual, efetivamente. Sinto-me sujo, eu mesmo, por esse mundo. O capitalismo subestimou os cidadãos, mas apresentou uma boa estimativa. O que ele diz do homem é correto a tal ponto que lhe é possível subestimá-lo. Os stalinistas e os leninistas reescreveram a história, eles que foram os mestres da mentira. Nós também vamos reescrevê-la. Penso especialmente naquele matemático francês, comunista, que passou pela Escola Politécnica e foi fuzilado – seu nome me escapa. Ele gritou para o pelotão de execução alemão: "Idiotas, vocês não percebem que eu morro por vocês?" Eis uma frase que conta. E, agora, nós vamos abstrair de nossa visão histórica as pessoas que foram mortas por essa causa. Pouco numerosos são aqueles que compreendem a grandeza humana da morte de Kyo, em *A Condição Humana*, de Malraux. Os condenados foram mortos gritando "Viva Stálin!". Noventa porcento dentre eles se enganou, dez porcento soube qual era a tragédia do erro. Nós vamos destituí-los. Nós vamos reescrever a história e isso me causa horror. Acabo de reencontrar um colega que ensina ciências e que retornou ontem à noite da Rússia, para estar em dia, se diz Petrogrado, e não mais Leningrado. Ora, mais de um milhão de homens e mulheres morreram de fome nas rua de Leningrado quando do grande cerco histórico que destruiu Hitler. Pouco importa, diz-se Petrogrado, em alguns anos dir-se-á São Petersburgo...

O futuro então é bem sombrio?

Vai melhorar bastante para a maioria das pessoas, com a condição de não serem um mandarim autista, como eu o sou, sofrendo de um câncer de visão. Em princípio, as coisas deverão melhorar.

7. A CRIAÇÃO DO ROMANCE

Por que o senhor se dedicou ao romance?

Minha educação parisiense me deu a oportunidade de me desenvolver dentro de uma cultura em que se admitia que uma criança pudesse escrever versos. No liceu, eram os alexandrinos, os sonetos, as odes, depois, quando fui para Oxford, comecei a publicar meus versos sob forma de pequenas plaquetas, que, para meu grande embaraço, alcançam hoje somas muito sedutoras nas vendas em leilões. Eu não os possuo. Um dia eu disse a mim mesmo que a distância que separa verso e poesia alcança os anos-luz. Eu era uma espécie de rebento de uma burguesia vitoriana em que efetivamente um verdadeiro *gentleman* sabia escrever versos, como sabia se comportar à mesa respeitando as boas maneiras. Ora, a poesia, a verdadeira poesia, não faz parte das boas maneiras, pois ela fere, estando muito afastada dos versos. No dia em que me dei conta daquilo que separa os versos da poesia nunca mais cometi um poema, apenas escondido, traduzindo versos

193

que inseria em meus livros. Traduzir para mim é uma paixão, mas não mostro nem publico o que tenho traduzido. Refletindo sobre isso, nasceu em mim senão uma teoria, pelo menos uma intuição. Há num verdadeiro escritor ou num verdadeiro artista uma inocência inteiramente particular, embora se possa colocar entre parênteses aquilo que, por vezes, decorre da besteira em seu modo inteligente. Eu creio não ter mencionado a presença de Henry Moore, que é membro honorário em minha faculdade, em que o senhor foi um dos meus convidados. Quando ele falava de política ou de outra coisa, as pessoas tapavam os ouvidos e polarizavam a atenção em suas mãos. Então, olhando suas mãos, compreendiam o que é o gênio. Suas mãos, que falavam melhor que todo outro órgão, encarnam uma inocência imediata e, com freqüência, encontrando poetas, dei-me conta de que eles eram o oposto dele. Eles são os seres do imediato cuja inocência luminosa se extravia algumas vezes com a maior asneira, uma falta de lógica ou de senso analítico. Quase todas as ficções que escrevi e as quatro pequenas fábulas que publiquei são parábolas exprimindo um pensamento ou uma idéia. Meu livro *Anno Domini*, que contém três longas novelas, coloca a questão de saber se o ano quarenta e três ou quarenta e quatro pode se denominar de Ano do Senhor. Enquanto a expressão *Anno Domini* significa Ano do Senhor. Quais são as consequências disso? Em *O Transporte de A. H.*, eu tentei exprimir minha convicção segundo a qual uma antimatéria poderia destruir o universo, como existe uma linguagem numa antilinguagem. Escrevi esse texto inteiro em algumas noites, num estado de crise, em Genebra, onde conheci uma solidão sem igual. Espero que o discurso de A. H., que é o núcleo duro do livro, não seja um puro exercício intelectual que revestiria a forma romanesca. Ouso esperar que certos leitores verão aí o sopro da criação humana, uma verdadeira invenção. Eu fui escrito pelo texto. Quando me ouço dizer que isso decorre da mística heideggeriana, segundo a qual somos falados pela linguagem, e nós não a falamos, posso apenas me contorcer de rir. Por quê? Porque vivi isso em minhas entranhas, durante quatro a cinco dias em que eu vivia num estado de delírio interior de uma calma tal que o mundo não existia mais. Esse texto me foi ditado por algo, quando o releio, digo para mim que eu não estava em condições de escrevê-lo, mas que algo o escreveu, me escreveu. É uma experiência que eu qualificaria de concreta, ela veio imediatamente, em detalhe. Penso nesta frase de Mozart que diz: "Uma sinfonia inteira me veio". Esse livro se entregou em sua integralidade. Eu espero que uma experiência da mesma ordem me sobrevenha de novo. Penso naturalmente no colapso marxista, naqueles que, homens e mulheres, deram suas vidas a essa crença e que vivem no momento atual nesses países em que o nome do partido vai mudar, nome que foi para eles uma carteira de identidade espiritual. Que tema para um grande romancista, se ele existe! Será necessário realizar um romance que assinalará, depois de Koestler, o eco longínquo de um fim dessa história. Nós sabemos o que se passa com Gorbatchov, mas o que sentirá o inquisidor? Se me sentisse capaz, se fosse devorado por esse fogo interior, eu escreveria esse romance, pois o tema se impõe como uma evidência. Entretanto, sei que o livro, o comentário ou o ensaio que eu posso escrever não será adequado à pressão que exerce sobre minha imaginação a visão de uma cena ou uma imagem. Acontece que vemos alguém passar na rua e que dizemos que essa pessoa não tem para onde ir, é um apátrida da visão. Creio que é importante, para aquele cuja vida está orientada para a criação, tentar a sorte, mesmo se o projeto não é um sucesso. Desconfio um pouco daqueles que trabalham na encenação, que amam a literatura, a arte e a música sem terem ficado desesperados, que seja por uma hora, tentando estruturar uma forma viva. É por esse desespero que a compreensão nasce verdadeiramente. Eu gostaria, de minha parte, de escrever um pequeno ensaio. Segundo minha opinião, existem três ou quatro instâncias literárias que, pela cópia feita pelo impressor, assinaram a imortalidade de um escritor. Cortaram as orelhas e o nariz de um vagabundo. Thomas Nashe, romancista e dramaturgo elisabetano que se pode comparar a um Nerval contemporâneo de Shakespeare, traduziu François Villon. Em a *Ballade des dames*, encontramos o verso "La clarté tombe des cheveux d'Hélène", (A claridade cai dos cabelos de Helena), em inglês, "Brightness falls from the hair". A gralha tipográfica feita pelo impressor resultou em "Brightness falls from the air" (A claridade cai do ar). Esse verso é reconhecido entre os mais célebres da língua inglesa e Nashe tornou-se imortal. Shakespeare, que no mínimo não tinha necessidade disso, aproveitou também desse gênero de coisa. Ele descreve com magnificência a morte de Cleópatra: "Ela tirou como um vestido, como a pele de uma serpente, toda a carga, todo o peso de suas angústias mortais". Ele cita uma frase lida na tradução que Wycliffe fez da Bíblia: *a mortal toil*, seja sua carga mortal. O impressor leu as letras de modo diferente, substituiu o *t* pelo *c*. A citação se transformou em *a mortal coil*, ela se tornou uma das coisas mais misteriosas da poesia humana. *Coil* pode ser a espiral de uma serpente, os círculos de uma corrente que prende alguém, tudo e nada ao mesmo tempo, um labirinto em movimento e é o fruto de uma gralha tipográfica. Uma vez por mês, na sinagoga ou na igreja, eu recito uma pequena prece: "Deus, que um impressor cometa uma gralha ao imprimir aquilo que escrevi e me torne assim imortal". Eu penso muitas vezes no "duro desejo de durar" de Éluard e esse "duro desejo de durar" talvez dado por um impressor. Cada um de nós tem sua chance.

8. O DURO DESEJO DE DURAR

Em que a imortalidade é importante para o senhor?

Gostaria de crer que serei lido um pouco mais tarde, que alguém irá, de tempos em tempos, folhear, comprar um livro num sebo, numa estante de livraria barateira e tomar esse livro em suas mãos para que a centelha jorre. Isso seria um belo sonho, tenho o direito de acreditar, mas de tempos em tempos, ele se realiza.

Penso nessa frase de Flaubert em seu leito de morte, dizendo que Madame Bovary *vai permanecer...*

Essa frase, que cito amiúde, é atroz: "Eu morro como um cão e essa puta da Bovary vai permanecer". Isso não foi muito feliz. Essa frase manifesta o paradoxo da angústia de um artista em face da sobrevida misteriosa da personagem. Gostaríamos de algo menos dramático; preferiríamos que, de tempos em tempos, sua citação fosse falsificada. A citação falsa é, em geral, aquela que faz perdurar um texto.

Desejaria colocar-lhe perguntas sobre a sua biblioteca, sobre as suas leituras cotidianas.

Eu espero que sua conclusão será a gralha.

Dever-se-ia talvez falar igualmente de seu relacionamento com as outras formas artísticas.

Criança e rapaz, eu desenhei bastante e é uma atividade que gosto ainda de praticar, ao ponto de ter o desejo de ilustrar um dia um texto. As belas-artes fazem parte integrante de minha vida cotidiana. Falamos muito de música, que está no coração de minha existência sem que eu haja escrito a menor obra musical. Por razões pessoais, conheço a tristeza de não poder tocar um instrumento. Entretanto, a tinta e o guache não me causam medo.

Que relação o senhor tem com o cinema?

Eu vou ao cinema com freqüência. Desde um certo tempo – mas isso se deve talvez à minha idade ou a preconceitos –, parece-me que o cinema de antes da guerra era mais poderoso que o da atualidade. É uma introspeção que opero e posso me enganar copiosamente. Genebra não é na verdade uma cidade em que reina o cinema, ela prefere a música. Nem Calvino, nem Rousseau queriam o teatro em Genebra, a influência deles permanece essencial. Genebra é um pouco a cidade deles.

O que o senhor gosta de ouvir, a música ocidental em geral ou em primeiro lugar a música clássica?

Gosto da música ocidental, mas há tanto dela!... O drama real é que todo mundo compra discos compactos enquanto eu me utilizo dos cassetes. Não tenho mais tempo de ouvir um canto gregoriano, uma música de Josquin Des Prés ou a de um jovem compositor americano. Tenho cassetes demais. Antes de sua chegada, aproveitei meu tempo para escutar um bom trecho e estou terrivelmente angustiado pois sei que um longo lapso de tempo irá escoar-se antes que eu possa escutá-lo de novo. Há muito pouco da boa música que eu não julgo interessante. Escuto e escuto ainda muita música, sem contar que gosto que haja um fundo sonoro quando leio filosofia. Há dois ou três anos, publiquei um texto a respeito de uma crítica a Shakespeare, desfechada por Wittgenstein, que o detestava. Para Wittgenstein, a música é uma permanente preocupação, ele afirma que não chegava a crer em um só ataque de Mahler e que acreditava em cada nota de Bruckner. É preciso colocar os dois músicos juntos para tentar seguir esse pensamento. Eu começo a compreendê-lo. Nós não temos mais o tempo para escutar essa música que, no entanto, está ao alcance da mão. Se eu vivo em Genebra é porque a montanha é muito importante para mim; é preciso que eu fique próximo dela durante alguns meses e, se possível, saborear aí as alegrias do passeio. A democracia é um mar que se atravessa, um mar que nos acolhe. Na procura de uma oligarquia de valores cumpre privilegiar a montanha, pois ela é dificilmente acessível. É como o pensamento de Nietzsche e de Heidegger para quem a montanha era primordial. A multidão, a meu ver, exige que estejamos de acordo com todo mundo, mas a gente jamais deve render-se à pressão que ela exerce. Quando me vejo estar de acordo com alguém, não posso impedir-me de me sentir pouco à vontade. Kierkegaard, que publicou às suas custas seu *Ou Então... ou Então*, recebeu 18 críticas. Ele era extremamente rico; 17 dessas críticas acharam que essa obra era essencialmente enfadonha, que não tinha pé nem cabeça e que apontava com o dedo o luxo de uma publicação por conta do autor. Ora, ao Norte da Jutlândia, um jornalista de uma pequena gazeta eclesiástica escreveu que se tratava de uma obra de gênio. Quando Kierkegaard leu esse artigo, anotou em seu diário que devia ter escrito besteiras. Eis o caráter de Kierkegaard. Nada é tão difícil, necessário e imperioso do que fazer o esforço de entrar dentro de si mesmo, na sua própria morada. Muitos homens e mulheres ultrapassam esse limiar e olham a rua. Isso não quer dizer que a gente se sinta bem nessa habitação interior, talvez seja a de uma prisão ou a de um caos. É preciso saber que lugar permite ao homem estar face a face consigo próprio.

Eu imagino o senhor se preparando constantemente para jogar xadrez.

Em Genebra, eu jogo num pequeno computador. Receio, como todo ser humano, a solidão, porém, sei até que ponto admiro aqueles que não têm medo. Admiro a disciplina interior de Pascal e de Kierkegaard. Admiro a coragem deste maldoso Sr. Heidegger de não ter possuído sequer um telefone, pois sabia que um único toque de telefone pode romper uma presença, ainda que fosse o maior filósofo do mundo. Quando o telefone toca eu respondo ao meu interlocutor, apesar de saber muito bem que não deveria responder.

Muito obrigado, senhor Steiner.

Agradecemos ao Sr. George Steiner por nos ter autorizado publicar em anexo ao presente volume uma recente entrevista dada a Pierre Boncenne, publicada no *Le Monde de l'Éducation* de dezembro de 1999, e o texto que concedeu ao jornal *Libération,* por ocasião do ano 2000, para o número coletivo especial *À quoi pensez-vous?*

Entrevista com Pierre Boncenne

Le Monde de l'Éducation: *Para começar essa entrevista eu lhe proponho uma questão à qual Roland Barthes, há exatamente vinte anos, teve ocasião de responder: Para o senhor, o que é uma entrevista?*

George Steiner: Tive experiências muito diversas, por vezes calorosas e cordiais. Mas, também, caí em verdadeiras armadilhas preparadas por entrevistadores que eu não conhecia e com intenções francamente hostis. Passei por episódios os mais cômicos, assim como, os mais lamentáveis.

Então, comecemos por uma lembrança "cômica" de entrevista.

Ela vem da China. Como o senhor sabe – mas o grande público em geral ignora –, a China não aderiu à convenção internacional sobre o *copyright*, que protege os direitos dos autores. Traduziram, portanto, em chinês meu calhamaço *Depois de Babel*, subintitulado "Uma Poética do Dizer e da Tradução". Fizeram uma tiragem numerosa do livro, porque, justamente, o estudo da tradução é uma questão crucial para os chineses e é claro que sobre isso eu não havia recebido a menor parcela de dinheiro. Alguém, bastante próximo dos meios oficiais, veio me entrevistar e começou por me declarar resumidamente: "Eu sei que o senhor não decifra os ideogramas chineses, porém posso dizer-lhe que se trata de uma ótima tradução e espero que o senhor esteja orgulhoso dele". Acreditando dar provas de uma admirável ironia eu lhe respondi: "O senhor sabe, ficaria grato que me enviasse um exemplar de *Depois de Babel*, em chinês". Então ele, com a rapidez de um campeão de xadrez ou de pingue-pongue, replicou: "Mas, meu querido mestre, vamos lhe enviar dois..." Ponto, partida e xeque-mate. Ele havia ganho com uma rapidez extraordinária e ri muito, sentindo-me muito desastrado frente a tanta sutileza irônica.

Passemos, agora, a uma lembrança mais lamentável.

Foi na Europa do Leste dos anos 50. Eu havia feito conferências em Praga, em Budapeste e em Berlim do Leste. Um dia, quando me entrevistavam, decidi colocar, um pouco, a boca no trombone, falando comigo mesmo: No final de contas, o que podem eles me fazer? Colocar-me num trem e me pôr porta afora: não estou arriscando absolutamente mais nada. É desagradável, mas sem nenhum perigo para mim, que disponho de um passaporte. O jornalista que me interrogava era um verdadeiro estalinista muito inteligente. Então me permiti declarar-lhe: "Veja o senhor, existe aí uma academia que declara que Mandelstam morreu num belo sanatório ou que Ákhmatova é uma prostituta paga pela CIA." [O poeta Óssip Mandelstam, 1891-1938, foi obrigado a um exílio na Criméia

204

desde 1918, e foi morto num campo siberiano sem dúvida perto de Vladisvostok; a poetisa Anna Ákhmatova, 1886 – 1966, foi primeiramente reduzida ao silêncio, depois censurada, e não pode republicar uma antologia de seus versos, senão depois do XX Congresso do Partido Comunista, em 1956. *NDLR.*]

O jornalista estalinista imediatamente cortou-me a palavra para dizer: "Eu pensava poder passar uma excelente tarde, porque me disseram que o senhor era inteligente, ao passo que o senhor é totalmente imbecil". Imediatamente, explodi de raiva: como ele podia mentir para mim dessa forma? E, ao mesmo tempo, eu sabia muito bem que, de todas as maneiras, ele iria manipular a entrevista e que manteria, das minhas palavras, aquilo que lhe conviesse. Finalmente, tomamos uma bebida juntos e, vendo-o partir, disse para mim mesmo: Mas é ele o pobre ofendido, ele não tem nenhuma escolha, é de sua vida, enquanto que eu tenho o luxo de poder me permitir esse gênero de questões. Retrospectivamente penso ainda, e não sem amargura, em minha cólera tão pouco dominada.

Além da imprensa escrita, o senhor tem dado muitas entrevistas para a rádio e a televisão, especialmente na França, onde as pessoas o descobriram nos Apostrophes *em 1981, depois em 1986. Existe, o senhor bem sabe, uma tese paradoxal segundo a qual o rádio harmonizar-se-ia com uma sociedade totalitária, mas de maneira alguma a televisão. Que acha o senhor disso?*

É uma questão muito difícil. Com efeito, McLuhan achava que a televisão tornava impossíveis certos abusos políticos, e discuti muito com ele sobre isso. Não estou de acordo: acho que poderia aparecer aí um Hitler total, da imagem audiovisual, assim como ele fora um mestre da palavra, no rádio. Graças a Deus, nós não chegamos a isso. Em troca, permita-me assinalar-lhe que existe agora e, aqui mesmo, na Grã-Bretanha, uma espécie de despotismo iconográfico: o Sr. Tony Blair domina o ambiente inglês do pensamento e da sensibilidade como jamais, depois do pós-guerra, outro homem político pode fazê-lo. Ele é um mestre do "tubo" audiovisual e, é muito difícil desligarmos o canal frente a uma presença tão poderosa, dominadora e fascinante. Embora numa escala muito humana, há, por vezes, no Sr. Blair como que uma pequena nuança demoníaca a jogar com o seu auditório, qual um Paganini da política, como um violinista virtuose.

Sua análise é perturbadora, mas eu não consigo crer que o senhor, George Steiner, fique paralisado pelo Sr. Blair na televisão ao ponto de não poder desligar o aparelho para ler um poema, colher uma flor ou olhar um peixe vermelho!

Eu concedo ter talvez exagerado um pouco. De uma maneira geral, no entanto, pretendo dizer, por um lado, que é possível governar uma sociedade despótica pela televisão e, por outro, que na hora em que os satélites atravessam todas as fronteiras, todas as línguas e todas as ideologias é impossível criar uma sociedade hermética. É uma mudança enorme da qual ainda não medimos todas as conseqüências. Na Europa do Leste, entre 1982 e 1983 – um dos períodos mais difíceis: por exemplo, o Solidarnosc foi colocado fora da lei, na Polônia –, lembro-me de que me propuseram perguntas que testemunhavam um conhecimento bastante estranho, mas íntimo, da vida americana. Corando, meus interlocutores me confessaram serem apaixonados por uma série da televisão sobre as intrigas de uma grande família, dona de poços de petróleo, nos Estados Unidos: *Dallas*. E eles me disseram: "O senhor que é um pensador, nos dará sua palavra de honra que responderá com veracidade: os sapatos usados pelas personagens são de marcas reais ou são fabricados somente para as necessidades do filme?" Eu respondi: "Dou-lhes minha palavra de honra que esses calçados, os senhores podem comprá-los na esquina de cada cidade americana". Com esse episódio dos sapatos, comecei a compreender que, mais dia menos dia, o Muro de Berlim iria cair, porque não se podia mais manter essa sociedade estanque.

Quase no mesmo momento, Régis Debray, em seu livro Le Pouvoir intellectual en France *(1979), estabelecia uma relação entre a vigilância policial existente nos países socia-*

listas e "a gigantesca panóplia simbólica dos países capitalistas". Em suma, no Leste havia os tanques e os foguetes e no Ocidente, as antenas e os jornais televisionados.

Trata-se de uma enorme simplificação a serviço das necessidades teóricas do Sr. Debray! Antes de mais nada, havia mísseis também no Ocidente: em seguida, como a história demonstrou, a televisão revelou-se muito mais poderosa do que os mísseis; enfim, estabelecer paralelos entre as armas, inclusive mísseis nucleares e os meios de difusão audiovisual me parece um erro grosseiro. Concluir depressa: mesmo em um *gulag* nada pode deter a difusão de certos sonhos. E é a difusão do sonho que, em uma luta ideológica, é a arma mais poderosa.

No Le Monde *datado de 24 de setembro último, a coincidência quis que aparecessem três artigos, entre os quais se pode estabelecer muitas correspondências: na rubrica "Cultura", uma página leva o título: "Wilhelm Furtwängler na Armadilha do Nazismo: Uma Peça de Teatro Ressuscita em Paris o Grande Regente de Orquestra que Continua a Dirigir a Orquestra Filarmônica de Berlim Após a Instauração do III Reich e Recebeu o Abraço de Hitler"; na rubrica "Horizontes-Debates", o biógrafo de Alexandre Kojève tenta analisar por que este alto funcionário e professor de filosofia no Collège de France poderia ter sido (de acordo com as afirmações da DST) um agente da KGB durante trinta anos; enfim, o "Le Monde dos livres" apresenta uma controvérsia jurídica a propósito da reedição do escrito de juventude de Cioran que, nos anos 30, na Romênia, estivera próximo da extrema direita ("O Resto de sua vida e de seus escritos testemunham a abjuração do erro", pode afirmar Angelo Rinaldi). Três casos diferentes e, em cada um, uma mesma questão lancinante que retorna em todo o século XX: que relação existe (ou não) entre a obra de um grande artista, escritor ou filósofo e seus engajamentos políticos?*

Fixei para mim uma regra muito simples: frente a uma pessoa cujas tibiezas ou mesmo coisas piores a gente reprova, sob a Ocupação especialmente, pergunto-me como eu teria agido. Para mim é o "imperativo categórico" de Kant. Nessa pequena cidade de Cambridge onde, nesse momento, conversamos, há um homem e uma mulher – talvez eles não sejam, aqui, os únicos nesse caso – que foram longamente torturados pelos nazistas depois de terem sido lançados de pára-quedas pelos serviços britânicos. Nem um nem o outro cedeu e eles retornaram feridos, estropiados, para sempre deficientes. Ora, jamais esses dois se permitem a menor alusão a esse imenso heroísmo ou às vinte medalhas que eles enfiaram no sótão. Ao ponto de parecerem mesmo incomodados se suspeitam que alguém o saiba. Que quer o senhor, diante de pessoas como essas, sinto-me inteiramente humilde e sem fôlego... Porém, creio compreender a discrição deles, que me parece a maior recompensa de seu heroísmo. Eles sabem alguma coisa que uma pessoa, que foi torturada, não pode nem mesmo adivinhar, eles têm um conhecimento que nenhum grande escritor, de Dante até Koestler, pode inteiramente nos fazer sentir. Eles, quando adormecem em sua dor, conhecem uma paz que nós não podemos conhecer, eles sabem que o espírito humano pode triunfar de tudo. Um dia, na televisão inglesa, eu declarei – e isso levantou senão uma grita de reprovação, pelo menos uma viva discussão – : "Se torturassem diante de mim minha cachorra, eu cederia ao fim de dez segundos, eu o sei, eu o sinto, eu me envergonho, e eu digo isso sem orgulho algum".

Em caso de tortura, o senhor apostaria, sem dúvida alguma, em sua traição?

Nem há necessidade de me torturar: basta, eu imagino, torturar minha cachorra, o que é ainda pior. Aquele que não mergulhou nesse inferno, nada sabe, no fundo, do que é a traição. Porém eu compreendo que isso continue sendo uma obsessão para todos nós e que, para o senhor como para mim, isso possa nos acontecer amanhã. Voltemos agora para a sua primeira questão que, com efeito, atravessa o século XX. Num memorando que qualifico de brilhante e genial, a Gestapo disse de Heidegger que ele era inútil e inutilizável por ser um "nazista privado". Essa é uma fórmula extremamente inteligente porque Heidegger esperava ser o Führer do Führer. Num registro diferente, tomemos o caso de alguém que, com toda a evidência, foi inspirado pela leitura de Heidegger: Sartre. No decorrer de um seminário que conduzi na China, havia, entre os participantes, homens que haviam sido torturados pelos guardas vermelhos. Esses homens me afirmaram haver conseguido enviar secretamente uma carta ao Voltaire desse século, Sartre, para lhe dizer: "Ajude-nos graças a sua voz única no mundo". De acordo com os testemunhos deles – mas, devo ainda precisá-lo, não conheço nenhum texto que permita verificá-lo –, Sartre teria respondido que as sevícias dos guardas vermelhos eram uma invenção da CIA...

Mas voltemos, se o senhor concordar, a Heidegger. Sem retomar uma polêmica interminável, permita-me primeiramente uma indicação (uma vez que Le Monde de l'Éducation *é uma publicação francesa): no início dos anos 70, em pleno período gauchista, entre os estudantes em preparatório para a École Normale Supérieure ou os que dela já faziam parte da rua d'Ulm, havia um interesse muito maior – isto é um eufemismo – pelas obras de Heidegger,* O Ser e o Tempo, Caminhos Que Não Levam a Lugar Nenhum, Carta Sobre o Humanismo *ou* O Que Chamamos Pensar? *do que na época em que, em 1933, quando o filósofo foi nomeado reitor da universidade de Friburgo.*

Eu aceito levar em conta a sua observação, as nossas experiências diferentes e a defasagem de gerações, já que eu nasci em 1929. Então sejamos precisos: Heidegger foi membro do partido de Hitler durante nove meses, três dias e 18 horas. Eu não falo daqueles que, sabendo do horror estalinista, foram membros do partido comunista durante vinte anos para, depois, vangloriar-se, o termo é fraco, de sua saída. Mas cabe a cada um a tarefa de fazer sua autocrítica, seja ela secreta e íntima, tomando extremo cuidado para com os julgamentos que se podem fazer sobre os outros. E, agora, apenas um fato banal embora capital: nas gravações – reeditadas recentemente – do regente de orquestra Furtwängler tocando em Berlim, entre 1943 e 1945, ouve-se o barulho das bombas. Ora, estas gravações são momentos de prazer maravilhosos. Como imaginar que eu, um pequeno senhor perto de Heidegger, ou de Furtwängler, que me trouxeram tanta coisa, possa agora lhes cuspir na cara? É muito fácil! Eu permaneço o recipiendário infinitamente reconhecido da grandeza, da criatividade e do dom desses homens.

Não estou tentando, de forma alguma, levá-lo a emitir um julgamento. Dirijo-me muito mais a um professor com o qual eu poderia, ao sabor das circunstâncias, ser o aluno e a quem peço que me ajude a compreender.

Mas é que, justamente, existem coisas incompreensíveis que nos levam a dizer bobagens. Nos diários de Cosima Wagner, penso numa página muito especial: ela prepara o almoço e sabe que deve esperar o mestre descer de seu estúdio para vir àquela sala de jantar que ainda se pode ver em Bayreuth. Não me lembro sobre qual fragmento Wagner trabalhava então, digamos que poderia ser *A Bênção da Páscoa*, e ouve-se a música pela casa. Depois, ele fecha o piano e Cosima sabe que ela pode pedir à cozinheira para esquentar novamente a sopa. O mestre desce, ele teve uma boa manhã de trabalho e, no decorrer do almoço, discute-se sobre queimar vivos os judeus da Europa... Sim, o homem que acaba de compor uma música sem igual de espiritualidade discute isso! Aqui mesmo, nesta casa em Cambridge em que estamos conversando, Arthur Koestler me disse: "Mas é evidente, sem dúvida, que existem dois cérebros". E ele desenvolveu para mim sua famosa teoria: de um lado o cérebro primitivo, bestial, sádico e de outro lado, o hipotálamo, que se desenvolveu muito mais tarde, com possibilidades de altruísmo, de racionalidade e de compaixão. Esses dois lados do cérebro comunicam-se mal ou, por vezes, as comunicações se perdem. Bela idéia, porém não creio em uma só palavra. Existem outras hipóteses, por exemplo a da evasão esquizofrênica. Ainda aqui, eu digo não. Há a esquizofrenia em Antonin Artaud, mas não em Richard Wagner. Para mim, a única resposta válida e que eu prefiro adiantar é: nós não sabemos. E o único pequeno direito que me concedo, ou que me preservo, é de não ousar reencontrá-los.

O senhor estabelece uma distinção, por exemplo, entre o filósofo Martin Heidegger e o poeta Ezra Pound ou o romancista Céline?

Muito difícil. Todos os dias, ou quase, aprendo alguma coisa da leitura de Paul Valéry: estou convencido, como ele, de que pensamento e poesia estão muito próximos, de que existe uma música do pensamento. Em Veneza, encontrei várias vezes Pound que aparecia em algumas de minhas conferências. Pound era de uma ingenuidade inconcebível: pela manhã, ele proferia na rádio suas emissões anti-semitas e, à tarde, ele ajudava não sem riscos os judeus a se salvarem. Juro-lhe que ele não via nisso contradição, ele não compreendia que havia uma relação entre uma coisa e outra. Quanto a Céline, mesmo se considero suas obras tardias, *D'un château l'autre* (1957) ou *Nord* (1960), como ainda obras-primas, eu não gostaria jamais de encontrá-lo. Ele me aborrece como ser humano.

Será que, fisicamente, o senhor pôde ler Bagatelles pour un Massacre (1937) *ou* Les Beaux Draps (1941)*?*

Não, todos esses panfletos horríveis, é a náusea absoluta, e eu não me forço a isso. Mas sei qual é a importância desse escritor a quem chegamos, às vezes, a perdoar além da medida. Houve aquela noite, na embaixada da Alemanha, em Paris, em que Céline se pôs a imitar brilhantemente um discurso de Hitler. Seu discurso dizia que Hitler não era anti-semita o suficiente, que era um falso anti-semita e que ia perder a guerra por falta de coragem em relação aos judeus. Houve um choque na assistência, parece que uma senhora desmaiou e, literalmente, agarraram Céline pelo colarinho a fim de pô-lo para fora. Era como se, por uma única noite, Carlitos e Buster Keaton reunidos pudessem mostrar seu talento à Berchtesgaden. Se existe um inferno, creio que no inferno em que hoje deve se encontrar Céline há, para ele, um pequenino instante de ar condicionado. A espécie de coragem de seu mal era transcendente e lhe permitia tudo. O senhor conhece essa página tirada de *D'un château a l'autre*, em que, em Sigmaringen, Pétain atravessa a ponte diante de toda sua corte e, sendo muito surdo, não ouve a aproximação de um avião inglês pronto a metralhar. Todo mundo tenta se esconder, mas ninguém ousa, na verdade, porque ele, Pétain, Marechal da França, caminha muito empertigado: trata-se, eu o lamento, de uma página shakespeariana.

Certos escritos de Céline colocam e doravante, ainda mais, com o desenvolvimento da Internet, a questão da censura. É necessário encontrar um meio de censurar com eficácia Bagatelles pour un Massacre?

Não, é inútil. Existirão sempre livreiros e os conheço, em Paris, que lhe arranjarão tudo. De resto, eu o disse um dia na Sorbonne, porque as Éditions Gallimard asseguravam que essas obras intoleráveis de Céline eram inencontráveis no mercado. Portanto, a censura, isto em primeiro lugar, não funciona no sentido prático do termo; em seguida, a censura, segundo um efeito de bumerangue clássico, corre o risco de exaltar a obra; enfim, eu lhe relembro o velho argumento provindo da Antigüidade: Quem vai controlar o censor? Quem vai guardar o guarda? Mas permitir que a televisão, mesmo num canal de acesso ultraprotegido, apresente programas encorajando a pedofilia ou a tortura, aí está um caso em que sou absolutamente a favor da censura em 200%. Faço uma distinção fundamental entre um texto e o imenso impacto de uma imagem televisionada sobre a imaginação não masturbatória. Não sou sistematicamente contra a censura de imagens, digamos, pornográficas, porque tenho em conta um contra-argumento psíquico sério: essas imagens poderiam, talvez, servir de escapatória ao filtrar a passagem para a ação direta. De todo modo, não sendo psicopatologista, não sei se esse argumento é válido ou não.

E os crimes delirantes que abundam nos textos de Sade, onde o senhor os classificaria?

Sou contra toda a censura a Sade, porque seus textos me parecem de um tédio monumental. Meu amigo Philippe Sollers, que admiro muito, acaba de declarar que Sade é o maior escritor francês: isso me deixa boquiaberto! Mas continuemos: estou pronto, sobre Sade, a aceitar um risco que não aceito no tocante à televisão ou ao cinema. Aproveito, não obstante, as suas perguntas para adicionar um ponto importante, a propósito do qual ninguém jamais me respondeu, todas as vezes que me expressei a seu respeito nos debates públicos. Dando prova de sua crassa ignorância, a maioria das pessoas que defendem a liberdade total das imagens sexuais esquecem, como por acaso, de observar que o verdadeiro surto dos filmes pornôs data dos anos de 1929-1930. Quer dizer, a Grande Depressão e a crise econômica. As comediantes morrendo de fome e não dispondo mais de nenhum papel aceitaram rodar filmes pornôs. Não é preciso sequer ser marxista militante para adivinhar que havia ali como que uma aliança profunda entre a miséria e a pornografia.

Mudemos completamente de assunto. Hoje em dia, conheço estudantes parisienses que são chamados a discorrer sobre temas como: "No prefácio de Berenice, *Racine nos deixa essa célebre fórmula: 'Toda invenção consiste em fazer de nada alguma coisa'. Comente e discuta, a partir dos exemplos literários de sua escolha". Ocorre que em seu último livro,* Errata, *cujo subtítulo é* Récit d'un pensée, *o senhor se refere com freqüência a* Berenice. *Eu não lhe peço, é claro, uma típica lição corrigida, mas apenas alguns comentários.*

Existe uma sensibilidade maximalista, a de Rabellais, de Shakespeare ou de Céline que explora até o limite do possível, em suas épocas recíprocas, os recursos da linguagem. Nesses escritores, a linguagem é um fio suscetível de capturar o mundo inteiro e, se o senhor puxar o fio, o mundo virá em sua obra. De um modo inverso, existe uma sensibilidade minimalista, a de Racine, da arte abstrata ou do jardim japonês, e que, de uma certa maneira, representa um grau superior da estética. Instinto, consciência, inconsciência? De todas as maneiras, é muito difícil analisar as fontes dessas formas de arte. Vinte e quatro mil palavras em Shakespeare, duas mil e duzentas em Racine: essa comparação sempre foi o início de meus seminários sobre esse gênero de problemas. Para Racine, a lítotes não é uma figura de retórica, é uma metafísica. Com Shakespeare, em *Romeu e Julieta* por exemplo, aparentemente trata-se apenas da história de um casal. Mas, de fato, essa peça é toda uma cidade – Verona – há nove mortes, ocorrem duelos magníficos em cena, numa profusão incrível. Quanto a mim, tenho uma oportunidade doida: adoro tanto Racine quanto Shakespeare ou, se o senhor preferir, vivo muito bem com os dois. Eu esperava poder fazer passar um pouco de Racine na Inglaterra: por meus cursos em Cambridge, por minhas ligações com os teatros ou, sobretudo, por meu profundo interesse pela tradução. Isso não aconteceu e, enquanto viver – eu me tornei muito pessimista a esse propósito –, estou certo de que não verei na Inglaterra a obra de Racine tornar-se um pouco célebre. Um inglês, mesmo o mais emancipado e o mais sensível à Europa continental, sente o drama raciniano como infinitamente empolado, formalista, mundano e não consegue apreender o jogo de violência e de totalidade humana que é permanente em cada momento de uma de suas peças. Isso não se percebe deste lado da Mancha.

Esse corte insondável e enigmático entre duas formas de arte não é uma das chaves para ler todos os seus ensaios?

Na arte, eu estou como não importa qual turista de joelhos diante do universo das formas shakespearianas e bíblicas da Capela Sistina. Porém, creio compreender também que existem telas de Rothko com um minimalismo imenso, e que se abrem sobre mundos infinitos como em Racine. Seria, talvez esse um defeito meu, uma falta de rigor, uma ausência de posicionamento dialético e sistematizado? Aliás, para mim, toda teoria não passa de uma intuição impaciente.

Uma outra de suas preocupações maiores é o corte dramático entre o mundo literário e o mundo científico. Em suas "Notas para uma redefinição da cultura", publicadas em 1971 (No Castelo do Barba-Azul), o senhor já dizia: "Não prestar atenção aos desenvolvimentos da ciência e da técnica, negligenciar seu contragolpe sobre nossos recursos físicos e mentais, significa situar-se à margem da razão. Toda definição de uma civilização posterior ao Classicismo deve aprender a contar com o saber científico e com o universo das linguagens matemáticas e simbólicas". O senhor observa também que Musil era engenheiro, Jünger e Nabokov "entomologistas convictos", ou então que Broch, Canetti, Valéry, Queneau ou Borges sentiam-se fascinados, cada um a seu modo, pela matemática.

E eu poderia acrescentar Thomas Mann, Aldous Huxley ou os grandes mestres da ficção científica como Asimov ou Clarke. Eu vivo em Cambridge, rodeado de grandes cientistas, por vezes laureados com o prêmio Nobel ou dignos da medalha Fields (recompensa outorgada uma vez a cada quatro anos para as matemáticas). Atualmente a grande aventura da alma são as ciências que se vêem colocadas diante de três portais – não falemos derradeiros – fenomenais: conseguir criar a vida humana completamente *in vitro* e cloná-la; compreender o que é o eu, a consciência (de acordo com Crick, co-descobridor do DNA, é uma questão de açúcar e carbono!); descobrir os limites do universo determinando quando começou o tempo (as pesquisas como as de Stephen Hawking). Diante de tais questões, que quer o senhor, sinto um certo tédio ao ler um romance sobre o tema de um adultério em Neuilly. Os escritores de nossas belas letras não querem suar um pouco a camisa, esforçar-se para conseguir uma aproximação, mesmo a mais rudimentar, do universo da imaginação nas ciências e dessa poética de energia pura que aí encontramos. Se eu tivesse vivido durante o *Quattrocento* em Florença, eu teria esperado, e o senhor também, tenho certeza, de tempos em tempos, almoçar com um pintor. A literatura contemporânea se encolhe em parte por causa disso: ela recua diante da grande metáfora do futuro, essa incrível aliança entre a poesia e a matemática.

Agora que o senhor está em semi-aposentadoria, qual é seu estado de espírito?

Quando se chega aos setenta anos, a gente se acha em estado de graça e quer reler desesperadamente, a ponto de desejar não mais ter sono. Temos tempo para tudo, salvo para o tempo. Lemos infinitamente muitas críticas de livros sem ler os livros. Isso se tornou mesmo uma doença a qual se poderia denominar a da literatura secundária. No mesmo ano em que obtive o cargo, em Cambridge, os estudantes no exame de literatura inglesa tinham que comentar uma citação do belo ensaio de T. S. Elliot sobre Dante. Estou convencido de que a imensa maioria desses estudantes jamais havia lido um verso de Dante. A meu ver, isso é uma vergonha, não só do ponto de vista metodológico, mas também moral. Nos seminários de meu caro colega em Genebra, Jean Starobinski, liam-se apenas os textos dos autores, não a literatura secundária. Na América, atualmente, explicam-lhe que o comentário de X ou Y, sobre Platão, é mais importante que Platão! Quanto a mim, levanto-me todas as manhãs citando uma palavra de Púchkin dirigida a seus tradutores: "Os senhores levam minhas cartas, sou eu quem as escreve". E quando se tem a convicção, todas as manhãs, de estar há anos-luz do Sr. Púchkin, cumpre saber dizer a si mesmo: eu espero, ao menos, ter sido um bom carteiro e ter sabido colocar as cartas nas boas caixas.

O senhor, porém, teve a oportunidade e, por certo, as qualidades de poder ser professor em Cambridge?

O senhor tem razão de introduzir uma nota doce. Na Colômbia, em Medellín, essa cidade que se tornou a capital mundial da morte, há poetas que vão às ruas, no meio das matanças, ler poemas para esses homens, essas mulheres, essas crianças que talvez um instante depois vão ser massacrados (ou já o foram). Eles lêem a céu aberto, e há nesses poetas colombianos alguma coisa de gratuitamente belo, de desinteressado que constitui na verdade uma fórmula de esperança. Bem longe de toda publicidade literária, esses poetas vêm ler no anonimato para que se saiba, nesse mundo de selvageria, que pode existir também a coragem da beleza.

Apesar de sua semi-aposentadoria, o senhor continua, no entanto, a dar conferências no mundo inteiro.

Sim, tenho um calendário bem carregado até 2002. Porém, as conferências não são como o ensino, ou mais exatamente como o seminário, que foi a fonte de todo o meu trabalho. Meu pai, que adorava a arte, a música, a literatura e a quem tanto devo, achava que o ensino era o mais importante. Isso é muito judaico. A palavra "rabino", o senhor o sabe, não quer dizer nada de diferente, no fundo, do que professor. Eu me tornei docente por causa da profunda visão judaica de meu pai. Ele sabia muito bem o que era o gênio literário, artístico ou musical. Inconscientemente, no entanto, meu pai cultivava a esperança de que seu filho se tornasse um professor. Se eu tivesse sido um grande escritor, meu pai teria ficado loucamente orgulhoso, mas por uma espécie de herança de milhares de anos de judaísmo teria guardado, a meu respeito, uma pequena ponta de dúvida.

(*Le Monde de l'Éducation*, dezembro de 1999).

Resposta de George Steiner à questão "Em que pensa o senhor?"
Colocada pelo Libération *em seu número especial do ano 2000.*

Em primeiro lugar: na extrema dificuldade de *pensar*. No sentido sério do termo. Em ter acesso, neste final de século, aos silêncios, aos espaços privados – é perturbador que o francês não possa traduzir plenamente a palavra inglesa *privacy* –, aos exercícios de concentração e de abstenção de toda mundanalidade que pressupõe, que exige o autêntico ato de pensar. No orçamento da sensibilidade, na ordem fiscal da mente, nada se tornou mais custoso do que o silêncio. Nossa danação é a do ruído constante, público, mediático, mas até nos recônditos de nossa morada. A metrópole moderna é um longo bramido – e logo, com a abolição do armistício que representava a noite, durante vinte e quatro em vinte e quatro horas. A amplificação eletrônica torna possível o *rock*. O telefone celular retine nas bordas frágeis do cérebro, do monólogo interior que definiu toda tomada de consciência. O carnaval vingador da contra-cultura gostaria de sufocar aquilo que o pensamento comporta inevitavelmente, de elitista, de arrogante, até mesmo de injusto. A escravidão subentende os lazeres, as radiantes inutilidades de onde surgiu o pensamento no Ocidente. As domésticas cochicham diante da torre de Montaigne – mas não menos diante da porta do quarto de trabalho de Marx, no Soho.

Haverá meio político, técnico, pedagógico de reconciliar o luxo de um grande pensamento, de uma obsessão do absoluto, com as exigências, cada vez mais brutais, porém, humanamente lógicas, de uma democracia de massa, de consumo? Sem esquecer, nem que seja por um instante, a terrível falência de nossa civilização européia e clássica em face do desumano fascista, nazista e estalinista. Não se trata apenas do fato de que a cultura do letrado, do pensador, do criador estético tenha sido minoritária – a quantos dentre nós são verdadeiramente acessíveis um Platão, um Kant, um Bach, um Mallarmé? –, mas a verdade é que esse universo de valores, de excelência (e toda excelência é difícil, ensina Spinoza) mostrou-se impotente diante dos morticínios, das torturas, dos vandalismos que são o brasão do século XX.

Pois *pensar* esse fim de milênio, é tentar circunscrever, compreender, mesmo num nível simplista, o buraco negro na história do homem. As estatísticas – a *Schoá*, alguns setenta milhões de seres mortos por Stálin e Mao, as caçadas do homem e os massacres na África, na Indonésia – ultrapassam toda análise racional. É quase obsceno perguntar "quem foi o pior, Hitler ou Stálin", "em que o extermínio deliberado de oito milhões de *kulaks* pode ser comparado aos campos da morte nazistas? O forno gigante que se tornou Dresden se equipara, de algum modo, aos de Auschwitz? Só é evidente uma única coisa: numa escala que nos é impossível calcular, definir "cientificamente", *esse século fez baixar o limiar do que é humano na humanidade*. Pensar honestamente é saber que se está terrivelmente diminuído. É confessar que a esperança tem fronteiras. O que obstruirá, talvez pela primeira vez, o emprego irrefletido do verbo no futuro.

Seria nossa intuição, mesmo se inconsciente, desse desbastamento que anima a pilhagem sistemática de nosso pobre planeta? O aniquilamento de sua fauna e de sua flora, as montanhas de imundícies que um capitalismo tardio e selvagem despeja, a poluição monstruosa das águas e do ar que parecem como uma tentativa mais ou menos forçada de apagar as últimas lembranças do paraíso perdido. É preciso andar por longo tempo para aspirar ainda o odor da terra e sentir os folguedos alegres dos ventos. Nunca foi tão forte em nossas existências o bafio do dinheiro, seu orgulhoso fedor.

Há evidentemente contrapontos. Certos avanços na medicina roçam o milagre. Há clarões de promessa no horizonte a propósito do Alzheimer, da leucemia e das estruturas múltiplas e complexas – tão próximas do próprio impulso vital –, os cânceres. Muitos males tornam-se curáveis ou, pelo menos, sujeitos a importantes melhorias. Parece-me também de soberana importância a lenta percepção dos direitos da criança, da responsabilidade primordial de toda a sociedade e de toda ideologia para com as crianças (o que torna tanto mais escandalosa a persistência da escravidão das crianças nas oficinas, nas fábricas, nas lavouras do terceiro mundo). Muito lentamente e, com freqüência, muito tarde, o homem começa a reconhecer no animal seu testemunho, sua alteridade insubstituível. Seria insuportável a solidão lá onde o olhar humano não encontrasse mais o espelho da tristeza, mas, também, o da felicidade e do amor no do animal.

A eclosão, apenas inteligível para o profano, do novo universo eletrônico é infinitamente mais do que uma revolução industrial-tecnológica. São fundamentais as relações entre a consciência e o tempo, entre o eu e a fenomenalidade, entre o entendimento e a comunicação, que estão em vias de mutação. Não são ainda senão obscuramente perceptíveis, as mudanças que trarão o supercomputador, a "realidade virtual", os robôs e a inteligência artificial, para a quase totalidade de nossas vidas cotidianas, de nossas relações sociais, de nossos meios psicológicos e materiais. A informática já está em vias de transformar "matéria e memória" a ponto de fazer da idade clássica da palavra, da escritura, da leitura um prelúdio ao novo mundo do imediato. Certos aspectos, altamente significativos, de nossa condição atual nos colocam mais longe de, digamos, Proust ou Thomas Mann do que esses mestres em relação a Homero. O balanço é ainda incalculável, mas ele conterá, sem nenhuma dúvida, uma riqueza e, como jamais houve, um acesso aos conhecimentos doravante igualitários. A tarefa mais urgente: impedir que essas ferramentas e o que elas comportam de aurora sejam expropriadas pela loucura das cada vez mais ameaçadoras Bolsas e máfias do lucro.

Mas, que desoladora abstração é tudo isso! Pensar quer dizer também sonhar. Com alegre rigor, e concretamente. Sonhar com as andorinhas num terraço em Crotone. E, com aquilo que elas disseram. *Per sempre.*

SOBRE O AUTOR

Ramin Jahanbegloo nasceu no Irã, em 1956, e vive na França desde 1974. Filósofo, dedicou-se especialmente a estudos sobre Mahatma Gandhi, e é autor de *Hegel e a Revolução Francesa*, obra editada em Teerã. Colaborador das revistas *Espirit*, *Croissance*, e *Études*, publicou também os livros de entrevistas, *Isaiah Berlin: Com Toda Liberdade*, editado em português, pela Editora Perspectiva em 1996, e os *Entretiens avec Daryush Shayegan*, nas Éditions du Félin.

FILOSOFIA NA DEBATES

O Socialismo Utópico
  Martin Buber (D031)
Filosofia em Nova Chave
  Susanne K. Langer (D033)
Sartre
  Gerd A. Bornheim (D036)
O Visível e o Invisível
  M. Merleau-Ponty (D040)
A Escritura e a Diferença
  Jacques Derrida (D049)
Linguagem e Mito
  Ernst Cassirer (D050)
Mito e Realidade
  Mircea Eliade (D052)
A Linguagem do Espaço e do Tempo
  Hugh M. Lacey (D059)
Estética e Filosofia
  Mikel Dufrenne (D069)
Fenomenologia e Estruturalismo
  Andrea Bonomi (D089)
A Cabala e seu Simbolismo
  Gershom Scholem (D128)
Do Diálogo e do Dialógico
  Martin Buber (D158)
Visão Filosófica do Mundo
  Max Scheler (D191)
Conhecimento, Linguagem, Ideologia
  Marcelo Dascal (org.) (D213)
Notas para uma Definição de Cultura
  T. S. Eliot (D215)
Dewey: Filosofia e Experiência Democrática
  Maria Nazaré de C. Pacheco Amaral (D229)
Romantismo e Messianismo
  Michel Löwy (D234)
Correspondência
  Walter Benjamin e Gershom Scholem (D249)
Isaiah Berlin: Com Toda Liberdade
  Ramin Jahanbegloo (D263)
Existência em Decisão
  Ricardo Timm de Souza (D276)
Metafísica e Finitude
  Gerd A. Bornheim (D280)
O Caldeirão de Medéia
  Roberto Romano (D283)
George Steiner: À Luz de Si Mesmo
  Ramin Jahanbegloo (D291)